さっと作れて、野菜もたっぷり、
ごはんに、お弁当に、毎日役立つおかず 116

副菜

飛田和緒

はじめに

前作『常備菜 2』から 8 年、私の台所仕事にも変化がありました。

娘が大きくなりもう成人、そして、夫と私はともに60代。好むもの、作るもの、食べ方、作り方が変わるのは自然なことですね。今の食卓は娘が独立したものですから、夫婦のふたりごはん。小さなおかずが何品か並ぶことがあります。それはいわゆる「副菜」で、旬の野菜中心で、少し肉や魚が入ることもありますが、味つけや調理法の違う小皿が 3 つ 4 つ並べば、ごちそうです。

献立に悩んだり、主菜は食べたいものを作るけれど、「野菜不足になりがちなのでなんとかしたい」「鍋料理の時って、ほかに何作ればいいの?」という声をよく聞きます。そんな時は、この『副菜』のページを開きましょう。

身近な食材、冷蔵庫にあるもの、買いおきの乾物で、短時間ですぐにできるレシピになっております。少ない材料、調味料も特別なものはなく、みなさんご存じのものばかり、作り方もシンプルです。味や仕上がりがイメージしやすく、主菜に合わせやすくなっています。悩み、迷うことなく副菜が作れるようになったら、毎日の台所仕事がますます楽しくなりますね。

「副菜」があるだけで、食卓が華やぎますもの。まずは一品から合わせてみましょう。小さなひと皿をごちそうに。そんなレシピを集めてみました。

飛田和緒

もくじ

この本での約束ごと
◎1カップは200ml、大さじ1は15ml、小さじ1は5mlです。◎「ひとつまみ」とは、親指、人さし指、中指の3本で軽くつまんだ量のことです。◎塩は精製されていないもの、サラダ油は「米油」、オリーブ油は「エキストラ・バージン・オリーブオイル」を使っています。◎「だし汁」は、昆布、かつお節、煮干しなどでとったものを使ってください。◎フライパンはフッ素樹脂加工のものを使っています。◎電子レンジの加熱時間は、600Wのものを基準にしています。500Wの場合は1.2倍の時間を目安にしてください。機種によっては多少差が出ることもあります。◎常備菜に向くものには、保存期間の目安を入れています。汁けがあるものは、汁ごと保存してください。

1章

肉・魚で

副菜といっても、肉や魚を使った一品だってほしいものです。
メインの料理が野菜たっぷりだったら、肉や魚介でボリュームアップ。
特にメインの料理がなく、副菜的なおかずを並べる時にも便利なレシピ。
組み合わせは自由自在。
「これ食べたい!」という副菜から、献立を考えるのもいいでしょう。
焼き魚だったり、野菜の煮込みが主菜の時には、わが夫と10代の娘から、
「もっとほかになーい?　ごはんがすすむおかずほしい」
というリクエストがあるものですから、
そんな時には、肉と魚の入ったうまみたっぷりの副菜の登場です。
肉や魚の分量を控えめにすれば、時間も手間もかからずできます。
小さな主菜のイメージ。ちょこっと作って小鉢や小皿に盛りつければ、
ごはんをもりもりっと食べてくれます。

副菜があれば…　>>>　　　**夕ごはん**　　　　　　　　　　>>>

じゃがいも、にんじんがごろんと入ったカレーライスに、
魚肉ソーセージのマヨサラダ (p.24) を合わせて。

豚肉と玉ねぎのケチャップ炒め

材料（2人分）
豚薄切り肉（ロース）—— 80g（約4枚）
玉ねぎ —— 小1個
塩 —— ひとつまみ
ケチャップ —— 大さじ1
オリーブ油 —— 小さじ2
粗びき黒こしょう —— 少々

作り方
1　豚肉は長さを半分に切り、塩をふる。玉ねぎは8等分のくし形に切り、ほぐす。
2　フライパンにオリーブ油、玉ねぎを入れて中火で焼きつけ、薄く焼き色がついたら端に寄せ、豚肉を広げて焼く。
3　肉の色が変わったら、玉ねぎと炒め合わせ、ケチャップを加えてひと炒めする。器に盛り、黒こしょうをふる。

メモ　豚肉はロースを使いましたが、部位はお好みで。ちょっと手間ですが、玉ねぎは切ったらほぐしておいて。火の通りがよくなり、手早くさっと炒め合わせることができます。

豚肉と切り干し大根の炒めもの

材料（2〜3人分）
豚こま切れ肉 —— 100g
┌ 塩 —— ふたつまみ
└ 片栗粉 —— 小さじ2
切り干し大根 (乾燥) —— 40 g
しょうが —— ½かけ
A ┌ オイスターソース —— 小さじ2
　 └ 粗びき黒こしょう —— 少々
サラダ油 —— 大さじ1

作り方
1　豚肉は大きければ食べやすく切り、塩をもみ込み、片栗粉をまぶす。切り干し大根は水でもみ洗いし、水けを軽く絞って食べやすく切る。しょうがはせん切りにする。
2　フライパンにサラダ油、豚肉を入れて中火で炒め、肉の色が変わったら切り干し大根、しょうがを加えて炒め合わせる。
3　全体に油がなじんだら、水¼カップを加えてふたをして蒸し煮にし、汁けがなくなってふっくらしたら、Aをからめる。

メモ　こま切れ肉のかわりに、ひき肉でも。肉に片栗粉をまぶすことで、切り干し大根とのなじみがよくなります。切り干し大根は戻さずに、もみ洗いするだけで十分。蒸し煮にすることで、しっとりとやわらかく食べられます。冷めたら保存容器に入れて冷蔵保存し、日持ちは約3日。

豚肉とオクラのこしょう炒め

材料（2人分）
豚バラ薄切り肉 —— 80g（約4枚）
オクラ —— 7〜8本
塩、粗びき黒こしょう —— 各適量
サラダ油 —— 小さじ1

作り方
1　豚肉はひと口大に切り、塩ひとつまみをふる。オクラはガクの部分をくるりとむき、角の皮をピーラーで2〜3か所むき、塩ひとつまみをふる（むいた皮もとっておく）。
2　フライパンにサラダ油、豚肉を入れて中火で炒め、カリッとしたらオクラ、オクラの皮を加え、しんなりするまで炒め合わせる。器に盛り、黒こしょうをたっぷりとふる。

メモ　オクラの角張った部分の皮を薄くむくと、火の通りがよくなり、中の種が見えて見ためも新鮮に。オクラはヘタの部分も食べられるので、ていねいに下処理してみてください。

豚肉とごぼうのナンプラー煮

材料（2～3人分）
豚肩ロースかたまり肉 ── 150g
ごぼう ── 1本（150g）
塩 ── 小さじ¼
酒 ── 大さじ1
ナンプラー ── 小さじ1

作り方

1　豚肉は1.5cm角に切り、塩をもみ込む。ごぼうはよく洗い、皮つきのまま豚肉の大きさに合わせて切り、水に5分ほどさらす。

2　鍋に豚肉を入れて弱火にかけ、脂が出たらさっと炒める。水けをきったごぼうを加えて中火で炒め合わせ、酒、ひたひたの水を加え、煮立ったら紙の落としぶた（オーブンシートを丸く切り、まん中に穴をあけたもの）とふたをし、弱めの中火で20分ほど煮る。

3　ごぼうがやわらかくなったら、ナンプラーを加えてさらに5分ほど煮、そのまま冷まして味をなじませる。

メモ　ごぼうはやわらかく煮たいので、その前に煮汁が少なくなったら、水を適宜足してください。豚肉は、ロースやバラでも。肉の脂を利用して焼きつけますが、脂があまりない場合は、少し油を加えます。保存容器に入れて冷蔵保存し、日持ちは約5日。

大根のそぼろ煮

材料（2〜3人分）
鶏ひき肉 —— 100g
大根 —— ⅓本（400g）
しょうが —— 1かけ
砂糖、しょうゆ —— 各大さじ1½
ごま油 —— 小さじ1

作り方

1　大根は皮をむいて1cm厚さの半月切り（またはいちょう切り）に、しょうがはせん切りにする。

2　鍋にごま油とひき肉を入れ、軽く混ぜてから弱火で炒め、ほぐれてきたら水2カップを加えて中火にし、煮立ったらアクをとる。大根、しょうがを加え、再び煮立ったら砂糖を加え、紙の落としぶた（p.11参照）とふたをして弱めの中火で20分ほど煮る。

3　大根がやわらかくなったら、しょうゆを加えてさらに2分ほど煮、そのまま冷まして味をなじませる。

メモ　大根は早く煮上げたい時は小さく切りますが、あまり薄切りにすると煮ものっぽくなくなるので、1cm厚さくらいの半月切りか、いちょう切りに。むいた大根の皮は、とりおいてきんぴら（p.77）を作って。保存容器に入れて冷蔵保存し、日持ちは約4日。

ひき肉ときゅうりの炒めもの

材料（2人分）
豚ひき肉 —— 100g
きゅうり —— 2本
にんにく —— 2かけ
塩 —— 適量
薄口しょうゆ —— 小さじ1
ごま油 —— 小さじ2

作り方
1　きゅうりは大きめの乱切りにし、塩小さ
じ⅓をまぶして10分ほどおき、水けをふく。
にんにくは薄切りにする。
2　フライパンにごま油、にんにくを入れて
弱めの中火にかけ、香りが出たらひき肉、
塩ひとつまみを加えて炒める。
3　肉の色が変わったら、きゅうりを加えて
炒め合わせ、きゅうりが透き通ってきたら、
しょうゆを加えてひと炒めする。

メモ　好みで粗びき黒こしょうや、粉山椒をふっても。香菜（シャンツァイ）をどさっと合わせるのも好きで
す。きゅうりに塩をしておくことで、味がよくなじみます。きゅうりの皮はしましまに、またはすべてむいて
も。夫は"きゅうりは冷たく食べるもの"と思っているので、皮をむいて調理すると食べてくれます。

レンチンささみのごまマヨあえ

材料（2人分）

鶏ささみ —— 3本（150g）

きゅうり —— ½本

塩 —— ひとつまみ

A 白練りごま、マヨネーズ
　　—— 各大さじ1

　 しょうゆ —— 小さじ½

　 練りがらし —— 小さじ⅛

作り方

1　ささみは筋を除き、塩をまぶして耐熱皿にのせ、室温に10分おく。ラップをふんわりかけて電子レンジで1分30秒ほど加熱し、粗熱がとれたら細くさく。

2　きゅうりは斜め薄切りにし、細切りにする。

3　ボウルにAを入れて混ぜ、食べる直前に1、2を加えてあえる。

メモ　ささみは電子レンジで加熱したら、ラップをしたままおいて粗熱をとります。余熱でじんわり熱が入って、しっとりと仕上がります。すぐにラップをはずすと、水分が飛んでしまうので注意しましょう。あえてから時間をおくと、きゅうりから水けが出るので、食べる直前に調味料と合わせます。ささみのかわりに、鶏むね肉で作っても。

砂肝のカレー炒め

材料（2～3人分）
砂肝 ── 180g
にんにく ── 1かけ
塩 ── 小さじ⅓
カレー粉 ── 小さじ1
オリーブ油 ── 大さじ1

作り方
1　砂肝は青白くかたい部分（銀皮）をそぎ落とし、薄切りにし、水けをふいて塩をもみ込む。にんにくはつぶす。
2　フライパンにオリーブ油、にんにくを入れて弱めの中火にかけ、香りが出たら砂肝を加えて炒める。色が変わって火が通ったら、カレー粉を加えてひと炒めする。

メモ

砂肝は脂肪が少なく、くせが少なくて食べやすい部位。最近は銀皮を除き、薄切りになったパックを見かけます（写真）。これを使うと時短になりますね。切り落とした銀皮は、野菜くずなどと10分ほど煮てスープをとっています。冷めたら保存容器に入れて冷蔵保存し、日持ちは約3日。

白身魚のカルパッチョサラダ

材料（2人分）
白身魚の刺身（鯛、すずきなど）
　　—— 1さく（120g）
レタス —— 1枚
青じそ —— 5枚
しょうが —— 1かけ
みょうが —— 1個
A { しょうゆ、ごま油 —— 各小さじ2
　　おろしわさび —— 少々

作り方
1　レタスは6〜7cm長さの細切りに、青じそ、しょうが、みょうがはせん切りにする。合わせて冷水に5分ほどつけてパリッとさせ、水けをきる。
2　白身魚はそぎ切りにして器に並べ、1をのせ、混ぜたAをかける。

メモ　写真では白身魚がよく見えるように控えめに盛りつけていますが、野菜はたっぷりと合わせるとおいしい。白身魚のほか、まぐろやサーモン、ほたて貝柱、いかの刺身などでも作ります。

刺身のしょうゆ漬け おからあえ

材料（2人分）

あじ（三枚におろしたもの・刺身用）
　—— 1尾分（80g）

A 「 薄口しょうゆ —— 大さじ½〜1
　　長ねぎ（みじん切り）—— 10cm
　　しょうが（みじん切り）—— 1かけ

生おから —— 60g

すだち、かぼすなど —— 適量

作り方

1　あじは小骨を除き、皮をむいて細切り
にし、ボウルに入れてAとあえ、冷蔵室
で15分ほど漬ける。

2　1におからを加えて混ぜ、器に盛り、
好みの柑橘をたっぷりと絞って食べる。

メモ　大分県の郷土料理「きらすまめし」のアレンジ。あじのほか、まぐろや白身魚の刺身で作っても
いいし、お刺身ミックスでもおいしくできます。おからにはしっとりしたものと、ほろほろに絞られたもの
があり、味わいがそれぞれ違うので、ぜひどちらもお試しを。

いかと春菊のサラダ

材料（2 人分）
いかの刺身 — 60g
春菊 — ⅓束
A ┌ みそ、酢、砂糖、サラダ油
　　　　 — 各大さじ 1
　├ 白すりごま — 小さじ 1
　└ 豆板醤 — 小さじ⅓〜½

作り方
1　いかは細切りにする。春菊は葉を摘み、冷水に 5 分ほどつけてパリッとさせ、水けをきる（茎は別の料理に使って）。
2　器に1を合わせて盛り、混ぜた A を食べる直前に適量かけ、全体を混ぜて食べる。

メモ　いかのほか、ほたて貝柱やえびを合わせてもいいです。ドレッシングは多めにできるので、味をみて好みで加減してください。残ったドレッシングは、ゆで卵や野菜スティックにつけても。春菊の茎は、ゆでてごまあえにしたり、刻んでみそ汁に入れたりして食べます。

えびのアボカドあえ

材料（2人分）
むきえび —— 6尾（120g）
アボカド —— ½個
ミディトマト —— 1個（40g）
玉ねぎ（みじん切り）—— 大さじ2
レモン汁 —— ¼個分（大さじ½）
A ┌ 塩 —— ふたつまみ
　└ ナンプラー —— 少々

作り方
1　むきえびは背に切り込みを入れて背ワタをとり、塩ひとつまみ（分量外）をふって軽くもみ、流水で洗って2cm幅に切る。熱湯でさっとゆで、ざるに上げて冷ます。トマトは2cm角に切る。
2　アボカドは種と皮を除き、ボウルに入れて粗くつぶしてレモン汁をかけ、Aを加えて混ぜる。1、玉ねぎを加えてあえる。

メモ

最近のえびは背ワタがないものも多いのですが、背に切り込みを入れると、簡単にとれます。玉ねぎは、刻んだ甘酢漬けのらっきょうにかえてもおいしい。アボカドがかためなら無理につぶさず、角切りにして混ぜ合わせましょう。

あさりと玉ねぎの酒蒸し

材料（2人分）
あさり（砂出し済みのもの）
　—— 1パック（300g）
玉ねぎ —— ½個
酒 —— 大さじ1½

作り方
1　あさりは殻をこすり合わせてよく洗う。
玉ねぎは縦半分に切り、横1cm幅に切る。
2　鍋に1と酒を入れ、ふたをして強めの
中火にかけ、あさりの口が開く音がしてきた
ら時々鍋を揺すり、音が静かになったら火
を止める。味をみて塩けが薄ければ、塩
少々（分量外）をふって食べる。

メモ　砂出ししていないあさりは、塩水（水1カップ＋塩小さじ1強）につけ、ふたや新聞紙をかぶせ
て暗くし、冷蔵室に1〜3時間おいて砂を吐かせます。あさりの味でほぼ味つけいらずですが、
時々薄い場合もありますから、味見は必ずしてください。

かまぼこののり巻き焼き

材料（2〜3人分）
かまぼこ —— 1〜2cm 厚さ6枚
焼きのり —— 全形¾枚
しょうゆ —— 小さじ½
サラダ油 —— 小さじ2

作り方
1 のりは6等分に切る。
2 かまぼこにのりを巻き、巻き終わりを下にしてフライパンに並べる。サラダ油を回しかけ、中火で両面をこんがりと焼き、しょうゆをからめる。

メモ かまぼこが隠れてしまうくらいのりをたっぷりと巻いてもいいし、かまぼこが見えるよう2cm 幅くらいに切って、帯のように巻いてもいい。私の好みは、かまぼこは厚切り。お弁当のおかずにも便利です。

はんぺんのチーズ焼き

材料（2〜3人分）
はんぺん —— 大1枚
溶けるスライスチーズ —— 1枚
粗びき黒こしょう —— 少々

作り方
1　耐熱皿にはんぺんを入れ、スライスチーズをのせ、十字に切り込みを入れる。
2　温めたオーブントースターでチーズに焼き色がつくまで5分ほど焼き、黒こしょうをふる。

メモ　チーズの種類によっては、焦げめがつかないものもありますので、様子を見ながら焼いてください。
はんぺんがふっくらとふくらんでいる間にめし上がってください。

はんぺんとキャベツの蒸しもの

材料（2〜3人分）
はんぺん —— 大1枚
キャベツ —— 大1枚
ポン酢じょうゆ —— 適量

作り方

1　はんぺんはひと口大の三角形に、キャベツは大きめのひと口大にちぎり、軸の部分は薄切りにする。合わせて深めの耐熱容器に入れる。

2　フライパン（または鍋）に容器の高さの半分くらいの水を入れて沸かし、キッチンペーパーを1枚敷き、1をのせる。ふたをし、はんぺんがふっくらするまで強めの中火で7〜8分蒸し、好みでポン酢じょうゆをかけて食べる。

メモ　はんぺんにしっかり味があるので、すだち、かぼす、レモンなどの柑橘を絞るだけでもおいしい。七味唐辛子をふったり、練りがらしをつけて食べるのもおすすめ。蒸し器があれば、ぜひ蒸し器で蒸してください。

魚肉ソーセージのマヨサラダ

材料（2人分）
魚肉ソーセージ —— 1本
きゅうり —— 1本
A ┌ マヨネーズ —— 大さじ2～3
  │ しょうゆ —— ほんの少々
  └ にんにく（すりおろす）—— 少々

作り方
1　魚肉ソーセージときゅうりは5mm厚さの輪切りにする。
2　ボウルにAを入れて混ぜ、1を加えてあえる。

メモ

魚肉ソーセージは常温で保存でき、日持ちもするので、備えておくと何もない時にすぐに使えて便利です。やわらかく、生のままでも炒めてもおいしく、味出しにもなるので、野菜との相性が抜群。子どもの頃から、マヨネーズたっぷりが好み。にんにくのほか、玉ねぎのみじん切りで作っても。

ちくわの紅しょうが揚げ

材料（2人分）
ちくわ —— 4本
紅しょうが —— 20g
{ 小麦粉 —— ⅓カップ
冷水 —— ⅓カップ弱
揚げ油 —— 適量

作り方
1　小麦粉に冷水を少しずつ加えて混ぜ、どろんとした濃度のあるころもになったら、汁けを軽く絞った紅しょうがを加えて混ぜる。
2　1にちくわをくぐらせ、中温（170℃）の揚げ油に静かに入れ、ちくわがふくらんでころもがカリッとするまで揚げる。

メモ　主菜にしてもいいくらい、ごはんがすすむおかず。ちくわは1本そのまま揚げましたが、切ってころもにくぐらせても。お好みでどうぞ。そうめん、そばなどの麺献立の時によく作ります。

鮭缶のおろしあえ

材料（2人分）
鮭水煮缶 —— ½缶（90g）
大根 —— ⅓本（400g）
みつば —— ¼束
しょうゆ —— 適量

作り方

1　大根は皮つきのままですりおろし、ざるに上げて水けを軽くきる。みつばは熱湯でさっとゆで、水にとって冷まし、食べやすく切って水けを絞る。

2　ボウルに1、汁けをきった鮭缶を入れてあえ、好みでしょうゆをかけて食べる。

メモ　大根は皮ごとすりおろしています。おろせば皮も口にあたることなく、うまみの濃い大根おろしになります。残った鮭缶は、汁ごと使って汁ものを作りましょう（p.116）。

さば缶とトマトのにんにく炒め

材料（2〜3人分）
さば水煮缶 ── 1缶（190g）
トマト ── 1個
玉ねぎ ── ½個
にんにく ── 1かけ
塩 ── ひとつまみ
しょうゆ ── 小さじ1
サラダ油 ── 小さじ2

作り方
1　さば缶は汁けをきる。トマトは8等分のくし形に、玉ねぎは4〜6等分のくし形に切ってほぐす。にんにくはつぶす。
2　フライパンにサラダ油、にんにくを入れて弱めの中火にかけ、香りが出たら玉ねぎ、塩を加えて炒める。
3　玉ねぎが透き通ってきたら、さば缶、トマトの順に加えて炒め合わせ、しょうゆで味を調える。

メモ 好みでこしょうをふっても。さばの缶汁は汁もののだしとして、またおからを炊く時のだしに使ったりします。みそ煮やオイル煮のさば缶を使う場合は、調味料を控えめにして作ってみてください。

2章

野菜で

野菜ひとつあれば、副菜がちゃちゃっと作れます。
野菜だけなら火通りもよく、ただ切ってゆでたり、
蒸したり、炒めるだけでも。
わが家では夕ごはんを食べながら、「あと一品ほしいね」と、
家族がお互い顔を見合わせてうなずき、誰かが台所に立って、
冷蔵庫にある野菜で副菜作り。
それくらい、手軽で気軽な野菜の副菜レシピです。
少し多めに作ったなら、保存容器に入れて保存して、
朝ごはんや昼ごはんの時や、お弁当作りに重宝しています。
メインを作ったら、冷蔵庫から出して添えるだけ。
副菜ですから、ほんの少しでいいんですもの。
箸休めがあると、忙しい朝も短いランチタイムも充実します。

副菜があれば… >>> **昼ごはん** >>>

玉ねぎをめんつゆで煮て卵でとじ、
ごはんにのせた卵丼には、
ピーマンのじゃこ炒め (p.43) を合わせて。

キャベツのソース炒め

材料（2人分）
- キャベツ —— ¼個
- 塩 —— ふたつまみ

ソース（中濃、ウスターなど好みのもの）
—— 大さじ1

サラダ油 —— 大さじ1

粗びき黒こしょう —— 少々

作り方

1　キャベツは大きめのひと口大にちぎり、軸の部分は薄切りにし、合わせてポリ袋に入れて塩をまぶし、しんなりするまで10分ほどおく。

2　フライパンにサラダ油、水けをきった1（絞らないで）を入れて中火で焼きつけるように炒め、全体に油がなじんだら、ソースを加えてひと炒めする。器に盛り、黒こしょうをふる。

メモ　うちの人気副菜の一品。少々焦がし気味でもおいしいので、焼きつけるようにして炒めるといいです。炒める前に塩をしておくと、味のなじみがよくなり、炒め時間も短縮に。塩をしてひと晩おいても。目玉焼きなど、卵料理と合わせるのが好きです。

ゆでキャベツの梅おかかあえ

材料（2人分）
キャベツ —— ¼個
┌ 梅干し —— 大½個
└ みりん —— 小さじ1
削り節 —— 適量

作り方
1　キャベツは大きめのひと口大にちぎり、軸の部分は薄切りにし、熱湯でさっとゆで、ざるに上げて冷ます。
2　梅干しは種を除いてたたき、種とともにボウルに入れ、みりんを混ぜる。水けを絞った1を加えてあえ、器に盛って削り節をかける。

メモ　梅干しはできれば塩けと酸味がしっかりとある、塩だけで漬けたものが理想ですが、甘めの梅干しで作る場合は、しょうゆなどを加えて調整してください。味つけすると水が出やすいので、保存する場合は、ゆでたキャベツだけを保存容器に入れて冷蔵保存し、日持ちは約3日。

シンプルポテトサラダ

材料（2〜3人分）
じゃがいも —— 3個（300g）
にんにく —— 大1かけ
A
　酢 —— 大さじ1
　砂糖 —— 小さじ1
　塩 —— 小さじ⅓
クリームチーズ —— 4個（65g）
マヨネーズ —— 大さじ3
パセリ（みじん切り）—— 適量

作り方

1　じゃがいもは皮をむいてひと口大に切り、にんにくとともに鍋に入れ、水からゆでる。竹串がすっと通るくらいやわらかくなったら湯をきり、火にかけて鍋を揺すりながら水けを飛ばして粉ふきにし、熱いうちに軽くつぶし、Aを混ぜる。

2　粗熱がとれたら、1cm角くらいに切ったクリームチーズ、マヨネーズを加えてあえ、器に盛ってパセリを散らす。

メモ　具だくさんのポテトサラダも好きですが、時々常備の食材だけで作る、こんなシンプルポテサラもいい。肉や魚のグリルやソテーのつけ合わせに。特にしょうが焼きの時には、マヨネーズ味のものを組み合わせるのが好きです。冷めたら保存容器に入れて冷蔵保存し、日持ちは約4日。

じゃがいもの塩煮

材料（2〜3人分）
じゃがいも —— 3個（300g）
いんげん —— 1パック（約15本）
塩 —— 小さじ½
揚げ油（またはごま油）—— 大さじ2

作り方
1　じゃがいもは皮をむいて半分に、いんげんはヘタを落とし、長さを半分に切る。
2　鍋に揚げ油、1を入れ、中火で炒める。全体に油がなじんだら、水1½カップを加え、煮立ったら紙の落としぶた（p.11参照）とふたをし、弱めの中火で15分ほど煮る。
3　じゃがいもがやわらかくなったら、塩を加え、ふたをとって中火でさらに5分ほど煮る。そのまま冷まして味をなじませる。

メモ　揚げものをしたあとの油（揚げ油）で炒めると、香ばしさが加わって、肉などがなくてもおいしい煮ものができます。じゃがいもといんげんの素朴な味とやわらかさが、存分に味わえます。

せん切りじゃがいもの甘酢漬け

材料（2〜3人分）
じゃがいも —— 2個（200g）
A ┌ 酢 —— 大さじ3
　├ 砂糖 —— 大さじ1½
　├ 練りがらし —— 小さじ½
　└ 塩 —— 小さじ⅓

作り方
1　じゃがいもは皮をむき、縦長になるようにスライサーで薄切りにしてからせん切りにし、水に5分ほどさらす。熱湯で透き通るまでさっとゆで、水にとって冷ます。
2　ボウルにAを入れて混ぜ、水けを絞った1を加えてあえ、30分ほどなじませる。

メモ　じゃがいもは、メークインがおすすめ。さっと作れて見栄えもよいので、お客さまの時にもよく作ります。酸っぱいものは箸休めになるし、案外ごはんのおかずにもなる。じゃがいも1個からできますから、あと一品という時に便利なレシピ。保存容器に入れて冷蔵保存し、日持ちは約3日。

揚げじゃがいもの甘みそがらめ

材料（2〜3人分）
新じゃがいも
　　—— 小 10 〜 12 個（400g）
A ｛ みそ、砂糖、みりん —— 各大さじ 3
揚げ油 —— 約 2 カップ

作り方
1　じゃがいもは皮つきのままよく洗い、水けをしっかりふき、小鍋に入れてひたひたの揚げ油を加え、中火にかける。ふつふつしてきたら弱めの中火にし、20 分ほど揚げ煮にする。
2　別の鍋に A を入れ、弱火にかけて砂糖を溶かし、ツヤが出るまで練り混ぜる。
3　じゃがいもが竹串がすっと通るくらいやわらかくなったら、油をきって2をからめる。

メモ　小さい新じゃがいも（ベビーポテト）がない場合は、普通のじゃがいもを半分に切って作ってください。揚げ油は使い回しのもので十分。揚げるというよりは、油で煮るといったほうがわかりやすいかもしれません。みそだれは、使うみその味によって砂糖の分量を調整し、やや甘めの味に仕上げます。冷めたら保存容器に入れて冷蔵保存し、日持ちは約 4 日。

にんじんのバター煮

材料（2〜3人分）
にんじん —— 2本（250g）
バター —— 40g
塩 —— 小さじ½

作り方

1　にんじんは皮をむいて 1.5cm 厚さの輪切りにし、面取り（角を薄くそぎとること）をする（面取りした部分もとっておく）。または 4cm 長さ、1.5cm 角の棒状に切る。

2　鍋に1と水1カップを入れて火にかけ、煮立ったら弱めの中火にし、紙の落としぶた（p.11 参照）とふたをして 15 分ほど煮る。

3　にんじんがやわらかくなったら、バターと塩を加え、さらに 5 分ほど煮、そのまま冷まして味をなじませる。

メモ　切り方を変えて煮ておくと、添えるものや器によって選べます。ハンバーグやステーキなどのつけ合わせに、お弁当のおかずにも重宝します。冷めるとバターが固まるので、温めて食べます。保存容器に入れて冷蔵保存し、日持ちは約 4 日。

和風キャロットラペ

材料（2〜3人分）
にんじん —— 2本（250g）
塩 —— 小さじ½
A { ごま油 —— 大さじ1
　　粉山椒 —— 1〜2つまみ

作り方
1　にんじんは皮をむいてスライサーでせん切りにし、塩をまぶし、しんなりするまで15分ほどおく。
2　ボウルに水けを軽く絞った1、Aを入れてあえ、器に盛って粉山椒少々（分量外）をふる。

メモ　味がなくなってしまうので、にんじんは絞りすぎないこと。レシピは和風にしましたが、オリーブ油であえてレーズンを散らしたり、グレープフルーツと合わせても。塩だけまぶしてしんなりさせておき、食べる時にオイルやトッピングをかえると、献立を選びません。保存容器に入れて冷蔵保存し、日持ちは約5日。

ブロッコリーの粒マスタードあえ

材料（2人分）
ブロッコリー ── ½株
A ┌ 粒マスタード ── 大さじ1
　 └ しょうゆ ── 小さじ½

作り方
1　ブロッコリーは小房に分け、塩少々（分量外）を加えた熱湯で好みのかたさにゆで、ざるに上げる（葉があれば一緒にゆでる）。
2　熱いうちにAを加えてあえる。

メモ　茎も皮を厚めにむいてゆでれば、おいしく食べられます。または、きんぴらにしても（p.76）。魚や肉料理のつけ合わせや、鍋料理の時の副菜としてよく作ります。冷蔵保存する場合は、一度冷水にとって色止めしてから、粒マスタードとしょうゆを合わせます。

ブロッコリーのソーセージ炒め

材料（2人分）
ブロッコリー —— ½株
ウインナーソーセージ —— 3本
塩 —— 少々
オリーブ油 —— 小さじ2

作り方
1　ブロッコリーは小房に分け、縦半分に切り、茎は皮を厚めにむき、ひと口大に切る。
2　フライパンにオリーブ油、ソーセージを入れ、ソーセージをフォークなどでつぶすようにしながら中火で炒め、こんがりしたら1を加え、さっと炒め合わせる。
3　ふたをして弱めの中火で2〜3分蒸し焼きにし、ブロッコリーがやわらかくなったら、塩をふる。

メモ　ソーセージはフォークでつぶすようにしてちぎると、断面がギザギザになって、ブロッコリーに味がよくなじみます。ソーセージの種類によっては難しい場合もあるので、包丁で食べやすく切ったり、手でちぎったりして炒め合わせてください。

なすそうめん

材料（2人分）
なす —— 3本
塩 —— 適量
めんつゆ（ストレート）—— 大さじ2〜3

作り方

1　なすはヘタを落としてピーラーで皮をむき、水に3分ほどさらし、水けがついたまま1本ずつ塩少々をすり込み、ラップで包む。電子レンジで2分30秒ほど加熱し（菜箸ではさんでやわらかさを確認し、かための時は再加熱する）、ラップごと水につけて冷ます。

2　1の水けをふいて縦に細くさき、めんつゆを加えてあえる。

メモ

麺献立、刺身献立、焼き魚献立の時によく作ります。なすはボリュームがあるので、品数がさびしい時におすすめです。めんつゆはみりん1/3カップを鍋に入れ、煮立ててアルコール分を飛ばし、同量のしょうゆを混ぜて冷まし、だし汁1カップと合わせて作っても。好みで砂糖を加えて。むいたなすの皮は、きんぴらにどうぞ（p.77）。保存容器に入れて冷蔵保存し、日持ちは約3日。

なすの焼き肉のたれ炒め

材料（2人分）
なす — 3本
塩 — ひとつまみ
焼き肉のたれ (p.125) — 大さじ 3 〜 4
サラダ油 — 大さじ 1 ½

作り方
1　なすはヘタを落として長めの乱切りにし、水に5分ほどさらす。
2　フライパンにサラダ油、水けをきった1を入れて塩をふり、中火で炒める。全体に油がなじんだら、ふたをして弱めの中火で3〜4分蒸し焼きにし、しんなりしたら焼き肉のたれをからめる。

メモ　なすの切り方はお好みで、大きめに切れば火が通るまで時間はかかりますが、食べごたえはあります。薄めに切れば火通りは早く、カサがぐっと減り、とろりとした口あたりに。肉が入れば、メインのおかずに変身するくらい。どちらも捨てがたいので、旬の間は切り方と味つけを変えて、炒めものを毎日作ってください。

ピーマンの塩昆布あえ

材料（2人分）
ピーマン ── 2個
塩昆布 ── 大さじ½〜1

作り方

1 ピーマンはヘタと種を除き、縦4等分に切って横に細切りにする。

2 ボウルに1と塩昆布を合わせ、軽くもみ、10分ほどおく。塩昆布がふやけて味が出てきたら、もう一度もんででき上がり。

メモ　塩昆布がない時は、塩でもんで、もみのりとあえるのも好きです。生のピーマンのシャキシャキとした歯ざわりや、いい意味でのフレッシュな青くささが味わえる一品。保存容器に入れて冷蔵保存し、日持ちは約3日。

ピーマンのじゃこ炒め

材料（2〜3人分）
ピーマン —— 5個
ちりめんじゃこ —— 大さじ3（15g）
塩 —— ひとつまみ
薄口しょうゆ —— 小さじ⅓
サラダ油 —— 大さじ1½

作り方
1　ピーマンはヘタと種を除き、縦に細切りにする。
2　フライパンにサラダ油、1を入れて塩をふり、中火で炒める。ややしんなりしたら、じゃこを加えてさっと炒め合わせ、しょうゆで味を調える。

メモ　ピーマンはすぐに塩がなじむので、量は控えめに。地味なおかずですが、ごはんがすすみます。メインがさびしい時は、色鮮やかなピーマンの出番です。冷めたら保存容器に入れて冷蔵保存し、日持ちは約4日。

きゅうりのナムル風

材料（2人分）
きゅうり —— 2本
塩 —— 小さじ½弱
A ┌ ごま油 —— 大さじ1
  │ 白いりごま —— 小さじ1
  └ にんにく（すりおろす）—— 少々

作り方
1　きゅうりはスライサーで薄い輪切りにし、塩をまぶし、しんなりするまで10分ほどおく。
2　ボウルに水けを絞った1、Aを入れ、手でよくあえる。

メモ　きゅうりの切り方は、細切りやせん切りなどでも。塩でしんなりさせてしっかり水けを絞りますが、カスカスになるまで絞ると、塩味もきゅうりの味もなくなってしまうので注意してください。にんにくのかわりに、おろししょうがもよく合います。

きゅうりのペペロンチーノ

材料（2人分）

- きゅうり —— 2本
- 塩 —— 小さじ½弱
- にんにく —— 1かけ
- 赤唐辛子 —— 1本
- オリーブ油 —— 大さじ2

作り方

1　きゅうりは長さを4等分に切って縦半分に切り、塩をまぶして10分ほどおき、水けをふく。にんにくはつぶし、赤唐辛子は小口切りにする。

2　フライパンにオリーブ油、にんにくを入れて弱めの中火にかけ、にんにくがこんがりするまでじっくり焼いて取り出す。

3　続けてきゅうり、赤唐辛子を入れて中火で炒め、切り口に薄く焼き色がついたら、にんにくを戻してひと炒めする。

メモ　きゅうりにあらかじめ塩をしておくことで、味のなじみがよく、炒め時間も短縮。切り方は好みですが、薄切りよりも乱切りなどやや大きめのほうが、歯ごたえがあってにんにくと唐辛子に合うと思います。赤唐辛子は種ごと小口切りにして辛みをきかせましたが、辛みを抑えたい時は種をとって切るか、切らずに1本のままで使ってください。

焼きトマト

材料（2人分）
トマト ── 2個
塩 ── 適量
オリーブ油 ── 小さじ2

作り方
1　トマトはヘタを除き、横半分に切る。
2　フライパンにオリーブ油を熱し、1を切り口から入れ、中火で両面をこんがりと焼き、くったりしたら塩をふる。

メモ　トマトの汁がキャラメル状にこんがりと焼け、そこがまたおいしいのです。焼いた肉や魚に添えてソースがわりに一緒に食べたり、ごはんにのせてしょうゆをたらして、混ぜて食べたりしています。チャーハンや焼きそばにのせても。

トマトのカリカリベーコンのせ

材料（2人分）
トマト —— 2個
ベーコン —— 2枚
イタリアンパセリ（またはパセリ・みじん切り）、
　粗びき黒こしょう —— 各適量
オリーブ油 —— 大さじ1

作り方
1　トマトはヘタを除いて食べやすく切り、器に盛る。
2　ベーコンは1.5cm幅に切り、何もひかないフライパンに入れ、中火でカリカリに炒め、出てきた脂はキッチンペーパーでふきとる。1にのせ、パセリ、黒こしょう、オリーブ油をかける。

メモ　ベーコンの味によっては、塩で味つけするか、トマトに塩を軽くふってください。オイルのかわりに、バルサミコ酢などの甘みのある酸味調味料をかけてもいいです。

玉ねぎの梅オイスター炒め

材料（2人分）
玉ねぎ —— 大1個
青じそ —— 5枚
塩 —— ひとつまみ
酒 —— 大さじ1
A { 梅干し —— 1個
オイスターソース —— 大さじ½
サラダ油 —— 大さじ1

作り方
1　玉ねぎは縦4等分に切って横2cm幅に切り、ほぐす。梅干しは種を除いてたたき、種もとっておく。
2　フライパンにサラダ油、玉ねぎを入れて塩をふり、中火で炒める。透き通ってきたら、酒、A（梅干しは種も）の順に加え、全体になじむまで炒め合わせ、火を止めて青じそをちぎって加える。

メモ　玉ねぎは常備野菜として便利ですから、手軽に献立に加えることができます。梅干しの酸味と、オイスターソースのこっくりした味がよく合います。梅干しの種からもいい味が出るので、一緒に炒めて。もちろん、食べる時には除いてください。

長ねぎのザーサイ炒め

材料（2人分）
長ねぎ（青い部分も）—— 1本
味つきザーサイ（びん詰）—— 1/5びん（20g）
塩 —— ひとつまみ
しょうゆ（またはナンプラー）—— 小さじ1/2
ごま油 —— 大さじ1

作り方
1　長ねぎは4cm長さに切って縦半分に、ザーサイは大きければ食べやすく切る。
2　フライパンにごま油、長ねぎを入れ、中火で焼きつけるように炒める。こんがりしたら、塩を加えてひと炒めし、ザーサイ、しょうゆの順に加えて炒め合わせる。

メモ　長ねぎは、青い部分もあれば一緒に切って炒めます。こんがり焼き色がつくくらいまで炒めると、ねぎの甘みが出ます。しょうゆ、またはナンプラーで香りづけ。どちらもフライパンのふちから加え、焼くようにすると、香りがぐんと引き立ちます。

もやしと豆苗の塩炒め

材料（2〜3人分）
もやし —— 1袋（200g）
豆苗 —— 1袋
塩 —— 適量
サラダ油 —— 大さじ1

作り方

1　もやしはできればひげ根をとり、冷水に5分ほどつけてパリッとさせ、水けをきる。豆苗は根元を落として長さを半分に切り、茎と葉に分ける。

2　フライパンにサラダ油を熱し、もやしを入れて塩ひとつまみをふり、中火で炒める。全体に油がなじんだら、豆苗の茎、塩ひとつまみを加えて炒め合わせ、しんなりしたら豆苗の葉を加え、塩で味を調える。

メモ　もやしは冷水でパリッとさせ、水けをしっかりきって炒めると、シャキシャキ感がアップします。塩はもやしと豆苗を入れる時に、そのつど少しずつ加えて炒めると、しっかり味がのります。塩の量は、合わせて小さじ1/3ほど。もやしも豆苗も、残さず1袋使いきるレシピ。残ったらオムレツの具や、だし汁やスープを加えて汁ものにアレンジします。

レタスののりじゃこサラダ

材料（2人分）
レタス —— ¼個
焼きのり —— 全形½枚
ちりめんじゃこ —— 大さじ2
オリーブ油 —— 大さじ1

作り方
1　フライパンにオリーブ油、じゃこを入れて弱めの中火にかけ、時々混ぜながらカリカリになるまで3〜4分炒める。
2　レタスは食べやすく切って器に盛り、のりをちぎって散らし、1を油ごとかける。好みでしょうゆをかけ、全体を混ぜて食べる。

メモ　ちりめんじゃこやのりなど、うまみのあるものをトッピングすると、レタスだけのサラダもボリュームアップ。おかかや梅干しなど、いつもあるものを組み合わせてみてください。

にらとかまぼこのおひたし

材料（2〜3人分）
にら —— 1束
かまぼこ —— 2cm
A ┌ だし汁 —— 1カップ
　 │ 薄口しょうゆ —— 小さじ1
　 └ 塩 —— 小さじ⅓

作り方
1　Aは容器に合わせておく。
2　にらは長いまま熱湯でさっとゆで、水にとって冷まし、水けをしっかり絞って1に漬ける。かまぼこを細切りにして加え、20分ほどなじませる。
3　にらを食べやすく切り、かまぼことともに器に盛り、漬け汁をかける。

メモ　おひたしは、作っておけばすぐに食べられる副菜のひとつ。青菜に限らず、旬の野菜をゆでて、だしつゆに漬けておくと便利です。保存容器に入れて冷蔵保存し、日持ちは約4日。

ししとうのせ焼き油揚げ

材料（2人分）
ししとう —— 3〜4本
油揚げ —— 1枚
削り節、しょうゆ —— 各適量

作り方
1　ししとうは小口切りにする。油揚げは何もひかないフライパンに入れ、中火で両面をこんがりと焼く。
2　油揚げを食べやすく切って器に盛り、ししとう、削り節をたっぷりとのせ、しょうゆをかけて食べる。

メモ　ししとうはいい意味で青くさいので、生で刻めば薬味にもってこい。冷ややっこにのせたり、納豆に混ぜたり、焼き肉や焼き魚に散らしたりします。

かぼちゃとプルーンの煮もの

材料（2〜3人分）
かぼちゃ —— ¼個
ドライプルーン（種あり）—— 8個
にんにく —— 1かけ
A ｛ 薄口しょうゆ —— 小さじ½
　　 塩 —— 小さじ⅓
オリーブ油 —— 大さじ1

作り方
1　かぼちゃは種とワタを除き、ひと口大に切る。にんにくはつぶす。
2　鍋にオリーブ油、にんにくを入れて弱めの中火にかけ、香りが出たらにんにくを取り出し、火を止める。油が少し冷めたら、かぼちゃ、プルーン、水1カップを加えて火にかけ、煮立ったら弱めの中火にし、紙の落としぶた（p.11参照）とふたをして10分ほど煮る。
3　Aを加え、かぼちゃがやわらかくなるまでさらに5〜10分煮、そのまま冷まして味をなじませる。

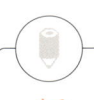

メモ　プルーンのほか、レーズンでも。アレンジとして、かぼちゃをつぶしてマヨネーズやクリームチーズと合わせ、サラダにすることもあります。にんにくオイルを作ったあとのにんにくは取り出すとしていますが、にんにく好きな方は、一緒に煮て食べても。保存容器に入れて冷蔵保存し、日持ちは約3日。

セロリのきんぴら

材料（2〜3人分）
セロリ（葉つき）—— 2本
A ┌ 酒 —— 大さじ1
　 │ みりん —— 大さじ½
　 └ 薄口しょうゆ —— 大さじ¾
サラダ油 —— 小さじ2

作り方
1　セロリは筋を除いて斜め薄切りにし、葉は適量を細切りにする。
2　フライパンにサラダ油、セロリを入れ、中火で炒める。全体に油がなじんだら、セロリの葉、Aを順に加え、汁けがなくなるまで炒め合わせる。

メモ　セロリは葉を入れると、でき上がりの色みがきれいに。ただ、香りは強めになるので、好みで量を調整してください。冷めたら保存容器に入れて冷蔵保存し、日持ちは約4日。

えのきとのりのつくだ煮

材料（2〜3人分）
えのきだけ ── 大1袋（250g）
焼きのり ── 全形2枚
A ｛ しょうゆ、砂糖 ── 各大さじ2

作り方
1　えのきは根元を落として長さを半分に切り、根元に近い部分はほぐす。
2　鍋に1とAを入れて中火にかけ、時々混ぜながら煮る。えのきから水分が出てしんなりしたら、のりをちぎって加え、汁けがなくなるまで煮る。

メモ　こんなに！と思っても、きのこは火を通すとカサが減ります。のりの分量は少なめでもいいし、もっとたくさん入れても。冷ややっこ、温やっこにのせて食べたり、卵と合わせて焼いたり、チャーハンの具にもします。冷めたら保存容器に入れて冷蔵保存し、日持ちは約4日。

きのこの黒酢炒め

材料（2人分）
エリンギ —— 1パック（2〜3本）
生しいたけ —— 3枚
塩 —— ひとつまみ
A {
黒酢 —— 大さじ1
しょうゆ —— 大さじ½
}
ごま油 —— 小さじ2

作り方
1　エリンギは長さを半分に切り、縦4〜6等分に、しいたけは軸を切って縦半分に切り、軸は縦に薄切りにする。
2　フライパンにごま油、1を入れて塩をふり、中火で炒める。しんなりしたらAを加え、ふたをして弱めの中火で2分ほど蒸し焼きにする。

メモ　きのこの切り方は自由。今回は、食べごたえのある大きさに切りました。黒酢を使いますが、加熱することで酸味はやわらぎ、甘みが出ます。黒酢をバルサミコ酢にして作るのもおすすめです。冷めたら保存容器に入れて冷蔵保存し、日持ちは約4日。

ごぼうとさきいかのマヨあえ

材料（2〜3人分）
ごぼう —— 1本（150g）
さきいか —— ひとつかみ（20g）
マヨネーズ —— 大さじ1〜2

作り方
1　ごぼうはよく洗い、皮つきのままスライサーで短めのせん切りにし（または、斜め薄切りにしてせん切り）、水に5分ほどさらす。さきいかは細くさく。
2　鍋に湯を沸かし、ごぼうをやわらかくゆでてざるに上げ、熱いうちにさきいかを加えて混ぜる。さきいかが少しふやけたら、マヨネーズを加えてあえる。

メモ　ゆでたてのごぼうとさきいかをまず合わせ、いかの味をごぼうに含ませます。ごはんのおかずにも、お酒の肴にもおすすめです。好みで七味をふっても。冷めたら保存容器に入れて冷蔵保存し、日持ちは約4日。

甘酢れんこん

材料（2〜3人分）
れんこん —— 1節（200g）
A { 酢、砂糖 —— 各大さじ2

作り方
1　れんこんは皮をむいてスライサーで薄い輪切りにし、水に5分ほどさらす。
2　鍋に水けを軽くきった1、Aを入れて弱めの中火にかけ、焦げないように時々混ぜながらいりつける。れんこんから水分が出てきたら中火にし、汁けがなくなるまでいりつける。

メモ　水を入れずに、れんこんの水分でいりつけます。そうすると、れんこんのシャキシャキ感が増します。焼き魚の添えものに、肉との相性もよいので、献立の箸休めに欠かせません。冷めたら保存容器に入れて冷蔵保存し、日持ちは約5日。

里いものガレット

材料（2人分）
里いも —— 2〜3個（160g）
ピザ用チーズ —— 40g
塩 —— ひとつまみ
粗びき黒こしょう —— 少々
オリーブ油 —— 大さじ2

作り方
1　里いもは皮をむき、5mm厚さの輪切りにする。
2　フライパンにオリーブ油を入れ、1をなるべく平らに並べ（重なってもいい）、中火で両面をこんがりと焼く。
3　塩をふってチーズを散らし、ふたをしてチーズが溶けるまで弱めの中火で蒸し焼きにし、黒こしょうをふる。

メモ

里いもに香ばしい焼き色をつけるのがポイントです。じゃがいも、さつまいも、長いもで同じように作っても、それぞれにおいしいです。「今日はもう少し何か食べたい」なんていう家族のリクエストがあった時によく作ります。

長いものたらこあえ

材料（2人分）
長いも —— 8cm（150g）
たらこ —— ¼腹（½本・25g）

作り方
1　長いもは皮をむき、1cm厚さの半月切りにする。たらこは薄皮を除く。
2　ボウルに1を入れてあえ、5分ほどなじませる。

メモ
たらこの味で仕上げるので、ほかに調味料はいりません。または、同様に明太子で作っても。長いもはせん切りにしたり、めん棒でたたいて割ったりもします。形が変わるとまた味わいが違ってくるので、作るたびに切り方を変えてみてください。

大根とちくわのゆずこしょうあえ

材料（2人分）
大根 —— ¼ 本（300g）
ちくわ —— 1 本
塩 —— 小さじ ½
A ┤ ごま油 —— 大さじ 1
　　ゆずこしょう —— 小さじ ½

作り方
1　大根は皮をむいてスライサーで 4 〜 5cm 長さのせん切りにし、塩をまぶし、しんなりするまで 15 分ほどおく。ちくわは縦半分に切り、斜め薄切りにする。
2　ボウルに A を入れて混ぜ、水けを軽く絞った大根、ちくわを加えてあえる。器に盛り、ゆずこしょう少々（分量外）をのせる。

メモ　献立によってオイルはオリーブ油にしたり、マヨネーズにしたりします。冷蔵保存して食べる場合は、少し強めに水けを絞って。ただし、絞りすぎると味がなくなってしまうので注意します。保存容器に入れて冷蔵保存し、日持ちは約 3 日。

大根もち風

材料
(2人分／直径18cmのもの1枚)
大根 —— 5cm（200g）
万能ねぎ —— 2本
A ┌ 片栗粉（または米粉）—— 大さじ2
  └ 塩 —— ひとつまみ
サラダ油 —— 大さじ1〜2
B ┌ 黒酢（または酢）、しょうゆ
  │   —— 各大さじ1
  └ 白いりごま —— ふたつまみ

作り方
1　大根は皮つきのままスライサーで3cm長さのせん切りに、万能ねぎは3cm長さに切る。ボウルにAとともに入れ、さっくりと混ぜる。
2　フライパンにサラダ油を熱し、1を入れて平らにならし、中火で焼く。底面が焼けたら、平らなふたなどにすべらせるようにして移し、フライパンをかぶせて返し（やけどに注意）、裏面も焼く。食べやすく切って器に盛り、Bを混ぜたたれをつけて食べる。

メモ　大根がこんなにもっちり、ねっとりした食感になるなんて！という、台湾名物の大根もちのアレンジ。スライサーで大根を切ったら、あとは焼くだけ。大根と香りづけの万能ねぎだけだから、軽くてお腹にもたれないので、「もう1枚食べたい」とよくリクエストされます。

小松菜のしょうゆ漬け

材料（2〜3人分）
小松菜 —— 1束（250g）
昆布 —— 10cm角1枚
A ┤ 砂糖 —— 大さじ2強
　　 酢 —— 大さじ1 ⅓
　　 しょうゆ —— 大さじ1強

作り方

1　小松菜は3cm長さに切り、根元の太い部分は縦4等分に切る。昆布は、キッチンばさみで3cm長さの細切りにする。

2　小鍋にAを入れて煮立たせ、昆布を加えて火を止める。熱いうちにボウルに移し、小松菜を加えて混ぜ、皿をのせて重し（缶詰など約400g）をのせ、ひと晩漬ける。

メモ　茎の太い、立派な小松菜を見つけたら作ります。砂糖、酢、しょうゆはすべて同量（今回は各20g）です。時間をおくほどに、深い味わいになっていきます。保存容器に入れて冷蔵保存し、日持ちは約1週間。

小松菜の卵とじ

材料（2〜3人分）
小松菜 —— 1束（250g）
卵 —— 2個
だし汁 —— ½カップ
A { しょうゆ、みりん —— 各大さじ½

作り方
1　小松菜は4cm長さに切り、茎と葉に分ける。
2　鍋にだし汁を入れて煮立たせ、1を茎→葉の順に加えて中火で煮、しんなりしたらAを加えてさっと煮る。溶いた卵を回し入れ、ふたをして好みのかたさに火を通す。

メモ　卵とじって、副菜にもってこいですよね。だし汁でさっと煮たものに、溶いた卵を回しかけるだけで、食卓を明るくしてくれます。茶色が多い献立に、ぜひ緑と黄色のひと皿を添えてください。

かぶの昆布じめ

材料（2人分）
かぶ（葉つき）── 1個
昆布 ── 6〜7×15cm 2枚
塩 ── ひとつまみ

作り方
1　かぶは皮つきのまま薄い輪切りにする。葉は熱湯でさっとゆで、粗熱がとれたら昆布の長さに合わせて切る。
2　昆布は水にさっとくぐらせ、ラップ（30cm四方）に1枚のせ、かぶを少しずつずらして並べ、葉も添える。塩をふって手でなじませ、もう1枚の昆布ではさみ、ラップでぴっちりと包み、冷蔵室でひと晩漬ける。食べる時に葉は3cm長さ、昆布はせん切りにする。

メモ　昆布からも塩けが出るので、塩は控えめに。使った昆布は、まだまだだしが出ます。捨てずにさっと洗い、水と合わせてだしをとってもよし、切って甘辛い煮汁で炊いて、つくだ煮にしてもよし。すぐに使えない時は、冷凍しておくといいです。葉はそのまま食べるほか、小口切りにして炊きたてのごはんに合わせ、菜飯にもします。ラップで包んだまま冷蔵保存し、日持ちは約3日。

焼きかぶ

材料（2人分）
かぶ —— 2個
オリーブ油 —— 大さじ 1 ½
塩 —— 適量
レモン —— ½個

作り方
1　かぶは葉を少し残して切り、葉のつけ
根を竹串などを使って流水で洗い、皮つ
きのまま縦4等分に切る。
2　フライパンにオリーブ油、1を入れ、中
火で時々返しながら、全体をこんがりと焼く。
器に盛って塩をふり、レモンを絞って食べる。

メモ　肉のステーキや煮込み、焼き魚やソテーのつけ合わせ、スパゲッティ献立の副菜としてもよく作ります。切り落とした葉は、おみそ汁やつくだ煮にどうぞ。

白菜の軸のあんかけ風

材料（2 人分）
白菜の軸 ── ⅛株分（200g）
しょうが ── 1 かけ
塩 ── ふたつまみ
薄口しょうゆ（またはナンプラー）
　── 小さじ 1
片栗粉 ── 大さじ 1
サラダ油 ── 小さじ 2

作り方
1　白菜は 3 〜 4cm 長さに切って縦に細切りに、しょうがはせん切りにする。
2　フライパンにサラダ油、白菜を入れて塩をふり、中火で炒める。
3　しょうがを加えてさっと炒め、しんなりしたらしょうゆをからめ、倍量の水で溶いた片栗粉でとろみをつける。

白菜の葉先の浅漬けキムチ

材料（2 人分）
白菜の葉先 ── ⅛株分（150g）
塩 ── 小さじ¼（白菜の重量の 1%）
A ┃ 粗びき粉唐辛子、ナンプラー
　 ┃ 　── 各小さじ 1
　 ┃ にんにく（すりおろす）── ½かけ

作り方
1　白菜は食べやすくちぎり、塩をふって軽くもんで 10 分ほどおき、しんなりしたら水けを軽く絞る。
2　A を加えてあえ、1 時間ほど漬ける。

メモ

白菜は 1 枚ずつはがし、軸の部分とやわらかな葉の部分を切り分けます。軸と葉先では火の通りが違うので、こうして別々に料理することも。さっと作れる手軽なキムチは、にんにくのほかしょうがなどの薬味を少し加えてもいいです。辛いものがほしい時に、焼き肉やしゃぶしゃぶ献立の時などに作ります。浅漬けキムチは保存容器に入れて冷蔵保存し、日持ちは約 5 日。

東京都中央区京橋 3-5-7

(株) 主婦と生活社　料理編集

「副菜」係 行

ご住所　〒　　　　　―

お電話　　　　　（　　　　）

お名前（フリガナ）

性別　　　　　男　・　女　　　　年齢　　　　　　　歳

ご職業

1. 主婦　2. 会社員　3. 自営業　4. 学生　5. その他（　　　　　　）

未婚　・　既婚（　　　）年　　　家族構成（年齢）

Q1　この本を購入された理由は何ですか?

Q2　この本の中で「作りたい」と思った料理を3つお書きください。

(　　　　) ページの　(　　　　　　　　　　　　　　　　　　)
(　　　　) ページの　(　　　　　　　　　　　　　　　　　　)
(　　　　) ページの　(　　　　　　　　　　　　　　　　　　)

Q3　この本の表紙・価格・内容・ページ数のバランスはいかがですか?

Q4　あなたが好きな料理研究家と、その理由を教えてください。

Q5　この本についてのご意見、ご感想をお聞かせください。

＊　ご協力ありがとうございました　＊

白菜の軸のあんかけ風

白菜の葉先の浅漬けキムチ

白菜と春雨の煮もの

材料（2〜3人分）
白菜 —— 2〜3枚 (250g)
しょうが —— 1かけ
国産春雨（乾燥）—— 30g
A ┤ だし汁 —— 1½カップ
  │ しょうゆ、みりん —— 各大さじ2
  └ 砂糖 —— 少々

作り方
1　白菜はひと口大のそぎ切りに
（a）、しょうがは皮つきのまま薄切り
にする。
2　鍋にAを入れて煮立たせ、1
を加えて中火で4〜5分煮る。
3　白菜がしんなりしたら、春雨を加
え（b）、紙の落としぶた (p.11 参照)
をし、弱めの中火で春雨が煮汁を
吸ってやわらかくなるまで煮る。

(a)

(b)

メモ

この煮ものには、緑豆春雨よりもやわらかくて太めの国産春雨が合います。国産春雨は、じゃが
いもやさつまいものでんぷんから作られる春雨。白菜をまず煮て、白菜の水けが出てきたところに、
乾燥したままの春雨を入れて煮汁を吸わせるようにします。緑豆春雨でも作り方は同じですが、
煮汁を吸うまで少し長く煮てください。

ゴーヤと魚肉ソーセージのチャンプルー

材料（2人分）
ゴーヤ —— 大½本
魚肉ソーセージ —— 1本
塩 —— ひとつまみ
しょうゆ —— 小さじ1
サラダ油 —— 大さじ1
削り節 —— 適量

作り方
1　ゴーヤは縦半分に切って種とワタをスプーンでかきとり、7〜8mm幅の斜め切りにし、塩をまぶして10分ほどおく。魚肉ソーセージは、ゴーヤに合わせて斜め切りにする。
2　フライパンにサラダ油、1を入れて中火で炒め、全体に油がなじんでゴーヤの断面が透き通ってきたら、しょうゆを加えてひと炒めする。器に盛り、削り節をかける。

メモ

魚肉ソーセージに味があるので、調味料は少なめに。ゴーヤは塩をしておくと苦みがやわらぎますが、さらに苦みをとりたいなら、塩をつけたままさっと湯通しするといいです。

いんげんのピーナッツバターあえ

材料（2 人分）

いんげん —— 1 パック（約 15 本）

A ピーナッツバター（微糖・「SKIPPY」など）—— 大さじ 1 ½

しょうゆ —— 小さじ ½

作り方

1 いんげんは塩少々（分量外）を加えた熱湯でゆで、ざるに上げて冷まし、粗熱がとれたらヘタを落とし、長さを 3 等分に切る。

2 ボウルに A を入れて混ぜ、1 を加えてあえる。

メモ ごまあえもいいですが、たまにはこってりと濃厚なピーナッツバターで作る、あえものはいかがでしょう。いんげんはかためにゆでると、筋の部分がギュッとなって口あたりがあまりよくないので、少しやわらかめにゆでるのがおすすめです。

スナップえんどうのごま油あえ

材料（2人分）
スナップえんどう —— 20 本
A ┌ ごま油 —— 小さじ 2
  └ 塩 —— ひとつまみ

作り方
1　スナップえんどうは筋をとり、塩少々（分量外）を加えた熱湯でゆで、ざるに上げて冷ます。粗熱がとれたら、さやを開いて中の水けをきる。
2　A を加えてあえる。

メモ　スナップえんどうはゆでたてがおいしいので、ぜひ温かいうちに食べてください。さやを開くことで中の水けがきれるので、調味料がよくなじみます。

たけのこの春巻き

材料（2人分／4本）
ゆでたけのこ —— ½本（100g）
春巻きの皮 —— 4枚
塩、揚げ油、粉山椒 —— 各適量

作り方
1　たけのこは3〜4cm長さの細切りにし、春巻きの皮に等分してのせ、塩をふる。手前、左右、向こう側の順に巻き、皮の端に水をつけてとめる。
2　中温（170℃）の揚げ油でカラリと揚げ、食べやすく切って器に盛る。粉山椒と塩を同量ずつ混ぜたものをつけて食べる。

メモ　具はたけのこだけ。あれば木の芽（山椒の葉）を忍ばせてもいいですね。具がシンプルで、ゆでたけのこを使うことで火通りを気にすることがないのも、手軽な気がします。魚の煮つけや刺身献立、野菜の煮ものなどのさっぱりした献立の時、こんなアツアツのひと皿がほしくなります。

野菜の茎や皮で、ちょこっと副菜

ブロッコリーの茎の塩きんぴら

材料（作りやすい分量）
ブロッコリーの茎 —— 2株分 （約200g）
酒、薄口しょうゆ —— 各小さじ2
サラダ油 —— 小さじ2

作り方
1　ブロッコリーの茎は、立てて皮をそぎ落とすようにして厚めにむき、皮は短めのせん切り、茎は3cm長さの細切りにする。
2　鍋にサラダ油、皮を入れて中火で炒め、酒を加えてしんなりしたら茎も加えて炒め合わせ、透き通ってきたらしょうゆをからめる。

メモ

野菜の茎や皮も捨てずにきんぴらにします。皮はやや口あたりがかためなので、油でしっかりと炒めるきんぴらが向いています。特に、ブロッコリーは茎の部分のボリュームが捨てがたい時があるので、皮とともにきんぴらに。皮はかなりかためですが、せん切りにしてじっくり炒めると、甘みが出ておいしくなります。1株分の茎なら、材料を半量にすれば作れます。

大根の皮のピリ辛きんぴら

材料（作りやすい分量）
大根の皮 —— ⅓本分（約160g）
赤唐辛子 —— ½本
A ┌ 酒 —— 大さじ1
　└ 塩 —— ひとつまみ
B ┌ 砂糖、しょうゆ —— 各小さじ1
サラダ油 —— 大さじ1

作り方
1　大根の皮は5〜6cm長さの細切りに、赤唐辛子は種を除いて小口切りにする。
2　鍋にサラダ油、大根の皮を入れて中火で炒め、A、赤唐辛子を加えて透き通ってきたら、Bを順に加えて炒め合わせる。

メモ　大根の皮を厚めにむいた時に、ぜひ作ってみてください。すぐに調理できない時は、窓辺干しにして軽く水分をぬくと、歯ごたえが出ますよ。

なすの皮のきんぴら

材料（作りやすい分量）
なすの皮 —— 3本分（約35g）
A ┌ 酒 —— 小さじ1
　└ 砂糖、しょうゆ —— 各小さじ⅓
ごま油 —— 小さじ2

作り方
1　なすの皮は長さを半分に切り、斜め細切りにする。
2　小鍋にごま油、1を入れて中火で炒め、しんなりしたら、Aを順に加えて炒め合わせる。

メモ　なすの皮は炒めると色が濃くなりますが、見ための珍しさもあってか、このきんぴらはほめてもらうことが多いです。

3章

乾物で

すぐに戻せる切り干し大根やひじき、カットわかめ、春雨は副菜向きの食材。
今回、切り干し大根は水につけて戻す工程はなし、
もみ洗いするだけのレシピにしました。
乾物は賞味期限も長いので、常備品として便利に活用しています。
野菜がないけれど、買い物に行くほどでもない時には、
乾物の出番、さっと一品作ります。
乾物で副菜を作っておこうという時には、1袋すべて戻して、
煮もの、あえもの、炒めものなどに。少々時間はかかりますが、
2～3品作っておくと食卓が豊かになりますし、
封を切って残した乾物は結局使うことなく、
さよならすることも多いので、そうしています。

副菜があれば… >>> 朝ごはん >>>

大根おろしとすだちを添えた焼き鮭に、
切り干し大根とひじきの炒め煮 (p.80) を組み合わせ、
白いごはんで和風の朝ごはん。

切り干し大根とひじきの炒め煮

材料（2〜3人分）
切り干し大根（乾燥）—— 20g
ひじき（乾燥）—— 20g
油揚げ —— ½枚
だし汁 —— 1カップ
A ┌ しょうゆ、みりん
　 └ —— 各大さじ½〜1弱
ごま油 —— 小さじ2

作り方
1　切り干し大根は水でもみ洗いし、水けを軽く絞って食べやすく切る。ひじきはさっと洗い、たっぷりの水に20〜30分つけて戻し、長いものは食べやすく切る。油揚げは3cm長さの細切りにする。
2　鍋にごま油、1を入れ、中火で炒める。全体に油がなじんだら、だし汁を加え、煮立ったらAを加え、紙の落としぶた（p.11参照）をして弱めの中火で15分ほど煮る。そのまま冷まして味をなじませる。

メモ　切り干し大根はもみ洗いだけで戻し、ひじきも比較的早くやわらかく戻るので、もう一品という時にすぐに作れます。ひじきは茎の部分の長ひじき、芽だけを摘んだ芽ひじきのどちらでも。乾物は常に買いおきして、いつでもさっと作れるようスタンバイさせています。保存容器に入れて冷蔵保存し、日持ちは約5日。

切り干し大根とキムチのコチュジャン煮

材料（2〜3人分）
切り干し大根（乾燥）—— 30g
白菜キムチ —— 80g
A ┌ だし汁 —— 1カップ
　 └ コチュジャン —— 小さじ2
しょうゆ —— 適量
ごま油 —— 大さじ1

作り方
1　切り干し大根は水でもみ洗いし、水け
を軽く絞って食べやすく切る。キムチも食べ
やすく切る。
2　鍋にごま油、1を入れ、中火で炒める。
全体に油がなじんだら、Aを加え、煮立
ったら弱めの中火にし、紙の落としぶた
（p.11参照）をして15分ほど煮る。しょうゆ
で味を調え、そのまま冷まして味をなじませる。

メモ　切り干し大根はすぐに食べられるよう、水で戻さずにもみ洗いするのみとしました。シャキシャキした
歯ごたえを楽しむなら、戻さず使ってもよいと思うのです。好みで戻したほうが好きな方は、普段
通りの戻し方で。キムチの味つけによっては、調味料を調整してください。コチュジャンは一度に
入れずに、味をみながら加えます。保存容器に入れて冷蔵保存し、日持ちは約4日。

切り干し大根のレモンサラダ

材料（2〜3人分）

切り干し大根（乾燥）—— 30g

A ┌ レモンの皮（国産のもの）
│   —— 1/8 個分
│ レモン汁 —— 小さじ 2 〜 3
│ 塩 —— 小さじ 1/4
└ オリーブ油 —— 大さじ 1 〜 2

作り方

1　切り干し大根は水でもみ洗いし、水けを軽く絞って食べやすく切る。レモンの皮は白い部分をそぎとり、黄色い部分だけを 1.5cm 長さのせん切りにする。

2　ボウルに A を順に入れて混ぜ、切り干し大根を加えてあえ、10 分ほどなじませる。

メモ　最近のお気に入りレシピ。ハムを入れたり、蒸したささみを入れたり、ちくわを合わせたりもしましたが、これは潔く切り干しだけのほうがおいしいです。シャキシャキした歯ごたえの切り干し大根がおいしいので、もみ洗いの戻し方がぴったりです。

糸昆布の煮もの

材料（2〜3人分）

糸昆布（乾燥）—— 30g

さつま揚げ —— 1枚

にんじん —— ⅓本

A ┤ だし汁 —— 1½カップ
　　 砂糖 —— 大さじ1
　　 しょうゆ —— 小さじ2

作り方

1　糸昆布は、長ければキッチンばさみで食べやすく切る。さつま揚げとにんじんは、4〜5cm長さの細切りにする。

2　鍋に1とAを入れて火にかけ、煮立ったら弱めの中火にし、紙の落としぶた（p.11参照）をして20分ほど煮る。そのまま冷まして味をなじませる。

メモ

煮汁を用意して、ただ煮るだけ。糸昆布（切り昆布）なら、戻さず使えるので便利です。味出しにはさつま揚げのほか、ちくわやかまぼこ、鶏肉でもいいですね。華やかさはないものの、安定のおいしさがあります。甘じょっぱい味は、ごはんのおかずにぴったり。保存容器に入れて冷蔵保存し、日持ちは約5日。

ひじきのツナ炒め

材料 (2～3人分)
ひじき (乾燥) —— 20g
ツナ缶 (オイル漬け、水煮どちらでも)
　—— 小1缶 (70g)
玉ねぎ —— ½個
しょうゆ —— 小さじ1½
マヨネーズ —— 大さじ1

作り方
1　ひじきはさっと洗い、たっぷりの水に20～30分つけて戻し、長いものは食べやすく切る。玉ねぎは縦半分に切って横1cm幅に切り、ほぐす。
2　フライパンにマヨネーズ、玉ねぎを入れて中火で炒め、玉ねぎが透き通ってきたら、ひじきを加えて炒め合わせる。
3　全体に油がなじんだら、ツナ (缶汁ごと) を加えてさっと炒め、しょうゆをからめる。

メモ　ひじきは常備しておき、おかずが足りない時に戻して一品作ることが多く、使う頻度が高い乾物です。早く戻せて、炒めても煮てもおいしいところがいい。マヨネーズを油がわりに使って炒めました。コクが出ますし、ひじきもツナも玉ねぎも、マヨ味に合うものばかりですから相性抜群。冷めたら保存容器に入れて冷蔵保存し、日持ちは約5日。

ひじきのデリ風サラダ

材料 (2〜3人分)
ひじき (乾燥) —— 10g
蒸し大豆 (または水煮) —— 50g
きゅうり —— ½本
紫玉ねぎ (または玉ねぎ) —— ⅛個
A ┌ 塩 —— 小さじ¼
  │ 砂糖 —— 大さじ1
  │ こしょう、薄口しょうゆ —— 各少々
  │ 白ワインビネガー (または酢)、
  └   オリーブ油 —— 各大さじ2

作り方
1　ひじきはさっと洗い、たっぷりの水に20〜30分つけて戻し、長いものは食べやすく切る。熱湯でさっとゆで、ざるに上げる。
2　きゅうりは1cm角に、紫玉ねぎは薄切りにする。
3　ボウルにAを順に入れて混ぜ、紫玉ねぎを加えてあえる。10分ほどなじませ、残りの材料を加えて軽く混ぜる。

メモ　何でも少しずつ合わせてみたらどうか、という提案です。豆はひよこ豆でも、白いんげん豆でもよく、枝豆やグリンピースの季節なら、ゆでて合わせてみてください。ハムや蒸し鶏を入れても。

わかめのナムル

材料（2 人分）
カットわかめ（乾燥）── 大さじ 2 ½（8g）
A ┌ ごま油 ── 小さじ 2
　│ 白すりごま ── 小さじ 1
　│ 薄口しょうゆ ── 小さじ⅓
　│ 塩 ── ひとつまみ
　└ にんにく（すりおろす）── ほんの少々

作り方
1　わかめはたっぷりの水に 5 分ほどつけ
て戻し、水けをしっかりふく。
2　ボウルに 1 と A を入れ、手でよくあえる。
器に盛り、すりごま少々（分量外）をふる。

メモ　乾燥わかめは、戻ると元の 10 〜 12 倍になりますので、少量かなと思っても意外とたっぷりに。味が薄くならないよう、わかめの水けをしっかりとるのがポイントです。にんにくをおろししょうがやせん切りしょうが、長ねぎのみじん切り、粒マスタードにかえてもおいしいです。オイルもごま油のほか、オリーブ油や米油などでも。

わかめの卵炒め

材料（2人分）

カットわかめ（乾燥）── 大さじ 2 ½（8g）
卵 ── 2個
A ┃ 砂糖 ── 小さじ½
　 ┃ 塩 ── ひとつまみ
ナンプラー ── 小さじ½〜1
サラダ油 ── 大さじ 1 ½

作り方

1　わかめはたっぷりの水に 5 分ほどつけて戻し、水けをしっかり絞る。卵は割りほぐし、A を混ぜる。

2　フライパンにサラダ油を熱し、卵液を一気に流し、強めの中火で大きく数回混ぜて（半熟よりもっと手前）取り出す。

3　続けてわかめを入れて炒め、全体にツヤが出たらナンプラーをからめ、2を戻してさっと炒め合わせる。

メモ　わかめは油と合わせると、色ツヤがよくなり、見ためにも鮮やかに。さらに卵の黄色を組み合わせることで、食卓がぐっと華やぎます。

春雨とハムのマヨサラダ

材料（2〜3人分）

- 緑豆春雨（乾燥）—— 60g
- ごま油 —— 小さじ 1
- ロースハム —— 2枚
- きゅうり —— ½ 本
- 塩 —— ひとつまみ
- A
  - マヨネーズ —— 大さじ 3
  - しょうゆ、こしょう —— 各少々
- 粗びき黒こしょう —— 少々

作り方

1 春雨は熱湯で 2〜3 分ゆで、水にとって冷まし、水けをきって食べやすく切り、ごま油をからめる。

2 ハムは半分に切って細切りに、きゅうりは薄い輪切りにして塩をまぶし、10 分ほどおき、しんなりしたら水けを絞る。

3 ボウルに1、2、A を入れてあえ、塩少々（分量外）で味を調える。器に盛り、黒こしょうをふる。

メモ 春雨は、スープ類なら戻さずそのまま入れて煮ますが、サラダや炒めものの時には、熱湯でゆでてから調理。最近は小分けの袋入りで売っているので、副菜作りに重宝します。食べやすい長さに切ってあるなら、一層便利。サラダや炒めものには、国産春雨（p.70）よりも少しかための緑豆春雨のほうが扱いやすいです。のびることなく味が入っていくので、味見をして調えます。保存容器に入れて冷蔵保存し、日持ちは約 3 日。

マカロニのバターチーズ炒め

材料（2人分）
マカロニ —— 100g
ベーコン —— 2枚
バター —— 20g
牛乳 —— ½カップ
ピザ用チーズ —— 100g
塩 —— 少々
オリーブ油 —— 大さじ1

作り方
1 ベーコンは1.5cm幅に切る。
2 フライパンにオリーブ油、1を入れ、中火でさっと炒める。マカロニ、水2カップ、バターを加え、煮立ったら弱めの中火にし、マカロニがやわらかくなって汁けがなくなるまで、袋の表示時間を目安に煮る。
3 牛乳、チーズを加え、チーズが溶けてマカロニにからむように軽く混ぜ、塩で味を調える。

メモ

マカロニも便利な食材のひとつで、サラダや炒めものに活躍。小さなマカロニならゆで時間も短く、一品足りない時にすぐに作れて、助けてもらっています。早ゆでタイプだと、かなりやわらかめに仕上がります。

4章

卵で

卵がなかったら副菜が成り立たないくらい、卵料理をたよりにしています。

常備食材ですし、なにより火通りがいいから、

すぐにでき上がるのがうれしい。

色みを生かして卵とじにしたり、炒めたりも。

この章は卵が主役の副菜ですが、

ほかのページにも卵を使った副菜がいろいろありますので、

合わせてご覧ください。

献立の副菜のほか、お弁当の副菜としても便利です。

副菜があれば… >>> **お弁当** >>>

卵1個を半分に折り、両面を焼いた
お好み焼き味の目玉焼き（p.96）をごはんにのせ、
鶏スペアリブの塩から揚げ、
小松菜のしょうゆ漬け（p.64）を詰めてお弁当に。

かにかまでかに玉

材料（2〜3人分）
- 卵 —— 3個
- かにかま —— 4〜5本（40g）

長ねぎ（青い部分も）—— ⅓本
塩 —— ひとつまみ
ごま油 —— 大さじ1½

作り方

1　卵は割りほぐし、かにかまをほぐして混ぜる。長ねぎは4cm長さに切り、縦4等分に切る。

2　フライパンにごま油大さじ1、長ねぎを入れて中火でさっと炒め、塩をふり、卵に混ぜる（a）。

3　続けて残りのごま油を足して熱し、2の卵液を一気に流し、強めの中火で大きく混ぜながら焼く。半熟状になったら3〜4つに分けてまとめ（b）、返して裏面も焼く。

 (a)

 (b)

メモ　かにかまと卵で、手軽な一品を。大きく作らず、卵が半熟の状態で、フライパンの中でヘラで切るように分けてまとめれば、返すのがラクです。

ウフマヨ（ゆで卵のマヨネーズソースがけ）

材料（2人分）
卵 — 2個
A {
　プレーンヨーグルト — 大さじ2
　マヨネーズ — 大さじ1
}
塩 — 少々
パセリ（みじん切り）— 適量

作り方
1　卵（冷蔵庫から出したてのもの）は熱湯に入れて7分ほどゆで、水にとって冷まし、殻をむいて横半分に切る。
2　Aを混ぜて塩で味を調え、1にかけ、パセリを散らす。

メモ　最近、ゆで卵は冷蔵庫から出したてのものを熱湯でゆでています。こちらの半熟卵は7分ゆで。ヨーグルトがゆるい場合は、キッチンペーパーにのせて10分もおくと水がきれるので、かためにしてマヨネーズと混ぜてください。ヨーグルトが入ることで、マヨネーズの味が格段にアップ。さっぱりとしながら、濃厚なクリームのような仕上がりに。

納豆オムレツ

材料（2人分）
卵 —— 2個
A ｛ 納豆 —— 1パック（40g）
しょうゆ —— 小さじ½
サラダ油 —— 大さじ1
万能ねぎ（小口切り）—— 適量

作り方
1　卵は割りほぐし、Aを混ぜる。
2　フライパンにサラダ油を熱し、1を一気に流し、強めの中火で大きく混ぜながら焼く。半熟状になったら半分に折るようにして端に寄せ、オムレツ形にし、返して裏面も焼く。器に盛り、万能ねぎを散らす。

メモ　納豆はひきわりでも大粒でも、好みのものを使って作って。納豆が入ると香ばしさが加わり、卵がふんわりとボリュームアップします。

お好み焼き味の目玉焼き

材料（2人分）
卵 —— 2個
サラダ油 —— 大さじ1
紅しょうが、青のり、ソース（中濃、またはウスター）—— 各適量

作り方
1　フライパンにサラダ油を強めの中火で熱し、卵を静かに割り入れる。
2　白身のふちがカリッと焼けて、黄身が好みのかたさになるまで火を通す。器に盛って紅しょうがをのせ、青のり、ソースをかける。

メモ　目玉焼きはそれぞれ好みがあるので、ふたをして蒸し焼きにしたり、弱めの中火で白身をトロリと仕上げたり、好き好きに仕上げてください。家族が目玉焼き好きなものですから、夜ごはんにもう一品という時には、目玉焼きが登場。塩で、しょうゆで、ソースやマヨネーズ、ポン酢じょうゆ、チリソースで食べることもあります。

具なし茶碗蒸し

材料（2〜3人分）
卵 —— 1個
A ┌ だし汁 —— ¾カップ強（160mℓ）
  │ 薄口しょうゆ —— 小さじ1
  └ 塩 —— 小さじ¼
みつば（あれば）—— 適量

作り方
1　鍋にAを入れて温め、塩を溶かして冷ましておく。
2　卵は割りほぐし、1を混ぜ、ざるでこして器に入れる。蒸気が上がった蒸し器に入れて強火で2分、弱火で15〜20分蒸し、竹串を刺して透き通った汁が出れば蒸し上がり。みつばをのせる。

メモ　副菜なので、具なしで手軽に作ります。汁ものがわりにもなり、ごはんにこれをかけて食べてもおいしい。だし汁は調味料を加えて、吸いものくらいの味加減にします。卵とだし汁を合わせたら、分離しないうちにすぐに蒸してください。おいしいだしと卵の味がストレートに味わえます。

台湾風焼きゆで卵

豆板醤だれ

材料（2人分）
卵 —— 2個
A ┃ 玉ねぎ（みじん切り）—— ⅛個
　 ┃ 豆板醤 —— 小さじ½
しょうゆ —— 少々
サラダ油 —— 小さじ1

作り方
1　卵（冷蔵庫から出したてのもの）は熱湯に入れて13分ほどゆで、水にとって冷まし、殻をむいて縦半分に切る。
2　フライパンにごま油少々（分量外）、1を切り口から入れ、中火で両面をこんがりと焼き、器に盛る。
3　フライパンにサラダ油、Aを入れて中火で炒め、香りが出たら水大さじ2を加えて煮立たせ、しょうゆで味を調える。2にかける。

ザーサイだれ

材料（2人分）
卵 —— 2個
味つきザーサイ（びん詰・粗みじん切り）
　　 —— ¼びん（25g）
B ┃ 水 —— 大さじ4
　 ┃ しょうゆ、片栗粉 —— 各小さじ¼
サラダ油 —— 小さじ½

作り方
1　卵（冷蔵庫から出したてのもの）は熱湯に入れて13分ほどゆで、水にとって冷まし、殻をむいて縦半分に切る。
2　フライパンにごま油少々（分量外）、1を切り口から入れ、中火で両面をこんがりと焼き、器に盛る。
3　フライパンにサラダ油、ザーサイを入れて中火でさっと炒め、Bを加えて混ぜながら煮てとろみをつける。2にかける。

メモ 台湾へ出かけた際に、ごちそうになったひと皿。その時はゆで卵は薄くスライスされていましたが、このレシピのように半割りにしたほうが、食べごたえがあります。油で焼きつけるので、ゆで卵はかたゆでが扱いやすいです。

豆板醤だれ

ザーサイだれ

5 章

豆腐・大豆加工品などで

調理しなくてもさっと食べられる豆腐や大豆加工品は、
もっとも副菜に向いている食材と言えるでしょう。
「今日、副菜はどうしよう…」という時には、まず豆腐が思い浮かびます。
特に、冷ややっこはバリエーションが多すぎて、
何をご紹介しようと迷いましたが、思い出のあるからしで食べる冷ややっこと、
揚げ玉が大好きな家族が喜ぶ、温やっこを選びました。
主菜がこっくりした味だったり、油を使った料理なら、さっぱり薬味のやっこを。
お刺身だったり、焼き魚だったり、あっさりした野菜の煮ものなら、
オイルをかけたり、揚げ玉でコクのある味にして献立を組み立てます。
豆腐のしょうゆ煮は、ここ最近もっとも気に入っている豆腐レシピ。
簡単だけれど、おしょうゆ色がしみしみな、
ほろほろとくずれるくらいに煮た豆腐がくせになります。

副菜があれば…　>>>　**おつまみ**　>>>

油揚げの韓国おでん風 (p.109)、
こんにゃくのねぎ 花椒 あえ (p.113) をビールとともに。

からしねぎのせ冷ややっこ

材料（2人分）

豆腐（木綿、絹ごしどちらでも）── 1丁（300g）

　長ねぎ ── ⅓本

　練りがらし ── 小さじ¼〜⅓

しょうゆ ── 適量

作り方

1　豆腐はキッチンペーパーにのせて10分ほど水きりし、半分に切って器に盛る。

2　長ねぎは薄い小口切りにし、水に5分ほどさらして水けをきり、からしであえる。1にのせ、からし少々（分量外）を添え、しょうゆをかけて食べる。

メモ　私が高校時代を過ごした長野県・北信地方の友人宅では、冷ややっこの薬味は練りがらしでした。最初はびっくりしたものの、食べてみると、やわらかなやさしい豆腐にツンとするからしがよく合い、それ以来やっこの薬味に和がらしが加わりました。

揚げ玉温やっこ

材料（2人分）
豆腐（木綿、絹ごしどちらでも）── 1丁（300g）
揚げ玉 ── 大さじ4
{ にら ── 2本
{ しょうゆ ── 小さじ2

作り方
1　にらは小口切りにし、しょうゆと混ぜておく。
2　豆腐は縦横半分に切り、熱湯に入れ、弱火で5分ほど静かに温める。キッチンペーパーにのせて湯をきり、器に盛って揚げ玉をのせ、1をかける。

メモ

天ぷらをした際に、残ったころもを揚げて天かす（揚げ玉）を作っておき、冷凍しています。やっこの薬味にもすぐに使えて便利。カリカリした口あたりと香ばしさが、豆腐によく合います。もちろん、市販の揚げ玉でもいいですよ。

くずし豆腐のあんかけ風

材料（2人分）

豆腐（木綿、絹ごしどちらでも）—— 1丁（300g）

A ┌ だし汁 —— 1カップ
　├ 薄口しょうゆ —— 小さじ2
　└ 塩 —— 小さじ¼

片栗粉 —— 大さじ1

しょうが（すりおろす）—— 適量

作り方

1　鍋にAを入れて煮立たせ、豆腐を大きくちぎって加え、中火で5分ほど煮る。

2　豆腐が温まったら、倍量の水で溶いた片栗粉でとろみをつけ、器に盛ってしょうがを添える。

メモ　豆腐のとろみに、片栗粉でとろみをつけてさらにとろとろに。このままごはんにのせて食べてもいいし、汁がわりにもなります。温かいうちに食べましょう。

豆腐のしょうゆ煮

材料（2 人分）
絹ごし豆腐 — 1 丁（300g）
だし汁 — 1 〜 1½ カップ
A ｛ しょうゆ、みりん — 各大さじ 2

作り方
1　豆腐は 6 等分に切り、小さめの鍋に入れ、ひたひたのだし汁を加えて中火にかける。
2　煮立ったら A を加えて弱火にし、ふたをずらしてのせ、豆腐がくずれるくらいやわらかくなってしょうゆ色になるまで、20 分ほど煮る。

メモ　豆腐がくずれるほどよく煮込んで、豆腐にしょうゆの味を含ませます。ふたをぴったりとすると、豆腐がふくらんで盛り上がり、もろもろとくずれやすくなるので、沸騰したらふたをずらして煮てください。好みでしょうがやからしなどをのせて食べたり、ごはんにのせて、くずして食べるのもおすすめ。

厚揚げとソーセージの炒めもの

材料（2人分）
厚揚げ —— 1枚（250g）
ウインナーソーセージ —— 4本
にんにく —— 1かけ
A { 塩 —— ふたつまみ
　　粗びき黒こしょう —— 少々
オリーブ油 —— 大さじ1

作り方
1　厚揚げは2cm角に、ソーセージは長さを4等分に切る。にんにくは薄切りにする。
2　フライパンに1を重ならないように並べ、オリーブ油を回しかけて中火で焼く。こんがりしたら裏返し、弱めの中火で焼き色をつけ、Aをふって全体に炒め合わせる。

メモ　にんにくにこんがりと早く焼き色がついた場合は、一度取り出しておき、最後に戻します。カレー味にしたり、マヨネーズで焼きつけたり、ケチャップ味で炒め合わせるのもおいしい。

厚揚げステーキ

材料（2人分）
厚揚げ —— 1枚（250g）
A ┌ 長ねぎ（青い部分も）—— ½本
　 │ 万能ねぎ —— 3〜4本
　 └ しょうが —— 1かけ
オリーブ油 —— 小さじ2
塩、しょうゆ —— 各適量

作り方
1　厚揚げは厚みを半分に切り、水けをふき、塩ひとつまみを両面になじませる。長ねぎは小口切り、万能ねぎは3cm長さ、しょうがはみじん切りにする。
2　フライパンにオリーブ油、厚揚げを切り口から入れ、中火で両面をこんがりと焼く。あいたところにA、塩ひとつまみを入れ、しんなりするまで炒める。
3　器に厚揚げを盛り、ねぎをのせ、しょうゆをちらりとかけて食べる。

メモ　豆腐よりも水きりされている厚揚げのほうが、ステーキとして焼きやすいです。両面にこんがりと焼き色がつくまで焼くのが、おいしさのコツ。長ねぎの甘みと、万能ねぎの香りを生かし、彩りもいいので2種類のねぎを薬味に使いました。

カリカリ油揚げの薬味あえ

材料（2人分）
油揚げ ── 1枚
長ねぎ ── 5cm
万能ねぎ ── 2本
みょうが ── 1個
青じそ ── 3枚
ポン酢じょうゆ ── 適量

作り方
1　長ねぎ、万能ねぎ、みょうがは斜め薄切りに、青じそは縦半分に切って細切りにする。合わせて冷水に5分ほどつけてパリッとさせ、水けをきる。
2　油揚げは1cm幅に切り、何もひかないフライパンに入れ、中火でこんがりと焼く。1と軽く混ぜて器に盛り、ポン酢じょうゆをかけて食べる。

メモ　柑橘を絞ってしょうゆでも、柑橘と塩でも、お好みの味で。このままごはんにのせて、混ぜて食べたりもします。油揚げがパリッとチップスのようになるまで焼いてください。

油揚げの韓国おでん風

材料（2人分／4本）
油揚げ —— 2枚
A ┤ だし汁 —— 2カップ
　　 └ しょうゆ、砂糖 —— 各小さじ2
練りがらし —— 適量

作り方
1　油揚げは縦半分に切り、竹串で1切れずつひだを寄せながら縫うように刺す。
2　鍋にAを入れて煮立たせ、1を加えて紙の落としぶた（p.11参照）をし、弱めの中火で10分ほど煮、そのまま冷まして味をなじませる。食べる時に温め、からしを添える。

メモ

韓国のおでんは、薄いさつま揚げのようなものが串に刺さってますが、わが家は油揚げで。撮影時は濃い色のしょうゆを使っていますが、薄口しょうゆにして、透き通った煮汁で煮てもいいです。

高野豆腐の卵とじ

材料（2 人分）
高野豆腐 — 2 枚 (33g)
卵 — 2 個
A ┊ だし汁 — 1 カップ
　┊ 薄口しょうゆ — 小さじ 1
　┊ 塩 — 小さじ⅓
みつば（あれば・刻む） — 適量

作り方

1　高野豆腐はぬるま湯に30分ほどつけ、手で軽くもんで湯を捨て、再びぬるま湯を加えて 15 分ほどおく。両手ではさんで水けをしっかり絞り、縦横半分に切る。

2　鍋に1と A を入れて火にかけ、煮立ったら弱めの中火にし、紙の落としぶた（p.11 参照）をして 10 分ほど煮る。火を止め、粗熱をとる。

3　再び火にかけ、煮立ったら溶いた卵の半量を回し入れ、卵にほぼ火が通ったら、残りの卵を回し入れて好みのかたさに火を通す。器に盛り、みつばを散らす。

メモ　高野豆腐は、煮上げただけでは味が入りません。冷ます間に味が入るので、温め直してから卵でとじるといいお味です。卵は 2 回に分けて加えます。1 度めで卵の土台を作っておくと、2 度めに入れる卵がふんわりと仕上がります。一度に入れると卵液が沈むことがあるので、そうしています。

高野豆腐のコブサラダ

材料（2人分）
高野豆腐 —— 1枚 (16.5g)
アボカド —— ½個
トマト —— 小1個
きゅうり —— ½本
A ┌ マヨネーズ、酢、オリーブ油
  │   —— 各大さじ1
  └ 塩、こしょう —— 各少々

作り方
1　高野豆腐はぬるま湯に30分ほどつけ、手で軽くもんで湯を捨て、再びぬるま湯を加えて15分ほどおく。両手ではさんで水けをしっかり絞り、1.5cm角に切る。アボカドと野菜も1.5cm角に切る。
2　器に1を盛り、混ぜたAを食べる直前に適量かけ、全体を混ぜて食べる。

メモ

すべての具材を同じように角切りにして合わせ、見ためよく仕上げます。戻さないタイプの高野豆腐でも、パッケージに「戻してもいい」とあれば、戻したほうがおいしいです。手と手を合わせて高野豆腐をはさんでやさしく水きりをして、戻したままの高野豆腐を味わいます。

大豆のバターじょうゆ炒め

材料（2人分）
蒸し大豆（または水煮）—— 140g
しょうゆ —— 小さじ½
バター —— 20g
粗びき黒こしょう —— 少々

作り方

1　フライパンにバター、大豆を入れて中火にかけ、バターが溶けてふつふつしてきたら弱めの中火にし、豆の皮がはじけて表面がカリッとするまで7〜8分炒める。

2　しょうゆを加えてさらに炒め、こんがりしたらでき上がり。器に盛り、黒こしょうをふる。

メモ　バターじょうゆ味が、あとをひきます。大豆にバターがしっかりしみるまで、気長に炒めるのがコツです。たんぱく質が少なめの献立の時にぜひ。

こんにゃくのねぎ花椒あえ
（ホアジャオ）

材料（2 人分）

こんにゃく — 小 1 枚 (90g)

A
- 長ねぎ — 8cm
- 花椒（ホール）— 小さじ 1/3
- ごま油 — 大さじ 1 1/2
- 塩 — 小さじ 1/4

作り方

1 こんにゃくは食べやすい大きさの薄切りにし、熱湯で 2 〜 3 分ゆで、ざるに上げて湯をきる。

2 長ねぎはみじん切りに、花椒はキッチンペーパーにのせて粗く刻む。残りの A と混ぜ、1 を加えてあえ、5 分ほどなじませる。

花椒（ホアジャオ）

メモ

花椒（ホアジャオ）は、麻婆豆腐によく使われるスパイス。柑橘系のさわやかな香りと、舌にピリピリとくる強い辛みがあります。刻む時は、先に包丁の腹でつぶすとやりやすいです。こんにゃくは、できるだけ薄く切ると味がなじみやすくなります。

6章

汁もの・スープ

わが家族は、汁もの好き。

献立がなんであろうと、汁ものをつけます。

おみそ汁が定番ではありますが、

だし汁がなくても鮭やさばの缶詰を使えば、

缶汁がよいだしがわりになりますし、

鶏ひき肉は、少量でも肉からうまみがしっかり出て、だしいらず。

和のだしなら、水に昆布や削り節、煮干しをつけて

水出ししておくだけで、すぐに使えて便利です。

ポタージュ3種は、ミキサーを使わずにすりおろすことで、

野菜のとろみが出て、とろんとした口あたりに。

野菜ひとつで、シンプルに作るのがおいしさのポイントです。

副菜があれば…   >>>   ## 朝ごはん   >>>

食パンに薄切り玉ねぎやピクルス、ハムをのせ、

ピザ用チーズ、ピーマンを散らして

オーブントースターで焼いたのっけトーストに、

トマトのポタージュ（p.120）を合わせた洋風の朝ごはん。

鮭缶の石狩汁

材料（2〜3人分）
鮭水煮缶 —— 1缶（180g）
じゃがいも —— 1個（100g）
こんにゃく —— 小1枚（90g）
みそ —— 大さじ1½〜2
長ねぎ（小口切り）—— 適量

作り方
1　じゃがいもは皮をむき、大きめのひと口大に切る。こんにゃくは熱湯で5分ほどゆで、ざるに上げて冷まし、ひと口大にちぎる。
2　鍋に水2カップ、じゃがいもを入れて中火で煮、じゃがいもがやわらかくなったら、鮭缶（缶汁ごと）、こんにゃく、みその半量を加えて5分ほど煮る。
3　残りのみそを溶き、器に盛って長ねぎをのせる。

メモ　鮭缶の缶汁がよいだしになるので、だし汁がなくてもおいしく作れます。具材はほかに、大根やにんじんなどでも。酒粕を加えるのもおすすめです。

さば缶の冷や汁

材料（2〜3人分）
さば水煮缶 —— 1缶（190g）
豆腐（木綿、絹ごしどちらでも）—— ½丁（150g）
{ きゅうり —— 1本
  塩 —— ふたつまみ
みそ —— 大さじ1½〜2
白すりごま —— 適量

作り方
1　ボウルにさば缶（缶汁ごと）、水2カップを入れて混ぜ、みそを溶き、冷蔵室で冷やしておく。
2　豆腐はキッチンペーパーにのせ、10分ほど水きりする。きゅうりは薄い輪切りにして塩をまぶし、しんなりするまで10分ほどおく。
3　器に手で割った豆腐、水けを絞ったきゅうりを盛り、1を注ぎ、すりごまをふる。

メモ

さば缶の缶汁を使って、冷や汁を作りました。ごはんにかけて、さらさらと食べてもおいしい。さばのにおいが気になる方は、おろししょうがを添えましょう。

きくらげのかき玉スープ

材料（2〜3人分）
卵 —— 1個
生きくらげ —— 1枚（25g）
だし汁 —— 2カップ
A ┌ 薄口しょうゆ —— 小さじ½
　└ 塩 —— 小さじ¼
片栗粉 —— 小さじ2

作り方
1　きくらげは石づきがあれば除き、細切り
にする。
2　鍋にだし汁、1を入れてひと煮し、A
を加え、倍量の水で溶いた片栗粉でとろ
みをつける。溶いた卵を回し入れ、好み
のかたさに火を通す。

メモ　中華風にするなら、仕上げにごま油をひとたらし。片栗粉でとろみをつけてから卵液を流し込むと、
ふんわりと仕上がります。生きくらげを使いましたが、乾燥なら4gをたっぷりの水に30分ほどつけ
て戻し、もみ洗いして使います。

鶏ひき肉とコーンの春雨スープ

材料（2～3人分）
鶏ひき肉 ── 80g
ホールコーン缶 ── ½缶（約100g）
緑豆春雨（乾燥・あれば切ってあるもの）
　── 30g
A ┤ ナンプラー ── 小さじ½～1
　└ 塩 ── 小さじ¼
ごま油 ── 小さじ1
粗びき黒こしょう、香菜の葉（あれば）
　── 各適量

作り方
1　鍋にごま油とひき肉を入れ、軽く混ぜてから弱火で炒める。ほぐれてきたら水2カップを加えて中火にし、煮立ったらアクをとる。
2　コーン缶（缶汁ごと）、春雨を加え、春雨がやわらかくなったら、Aで味つけする。器に盛って黒こしょうをふり、香菜をのせる。

メモ　ひき肉のうまみでだしいらず。ひき肉を炒め、水と合わせて煮立たせたら、ていねいにアクをとります。春雨は食べやすく、すぐに使える長さに切りそろえられたものがありますので、探してみてください。長い場合は、水につけてキッチンばさみで食べやすく切り、水けをきって加えて。春雨が入ることで具だくさんになり、食べるスープに。主菜のボリュームが足りないなぁという時におすすめです。

トマトのポタージュ

材料（2人分）

トマト（完熟）—— 小4個（350g）

塩 —— ひとつまみ

オリーブ油 —— 適量

作り方

1　トマトは皮つきのままするおろし、皮が気になるようなら除く。

2　鍋に入れて弱火で静かに温め、塩で味つけする。器に盛り、オリーブ油を回しかける。

メモ　ミキサーにかけなくても、おろし器で野菜をすりおろしてだしと合わせれば、不思議ととろみがついてポタージュに。トマトなら、だしいらずです。トマトは温める程度で、煮すぎるとトマトのフレッシュな味が消え、煮詰まってソースになってしまうので注意します。

れんこんの
和風ポタージュ

材料（2人分）
れんこん —— 小1節 （150g）
A ┌ だし汁 —— 1½カップ
　 │ 塩 —— ひとつまみ
　 └ 薄口しょうゆ —— 少々
しょうが（すりおろす）—— 適量

作り方
1　れんこんは皮をむき、すりおろす。
2　鍋にAを入れて煮立たせ、1を加え、弱めの中火で静かに温める。器に盛り、しょうがを添える。

メモ　れんこんはすりおろして加熱すると、もっちりとした口あたりに。おろして時間がたつと色が悪くなるので、すぐに火を通しましょう。

長いもの和風ポタージュ

材料（2人分）
長いも —— 8cm （150g）
A ┌ だし汁 —— 1½カップ
　 │ 塩 —— ひとつまみ
　 └ しょうゆ —— 少々
焼きのり —— 全形½枚

作り方
1　長いもは皮をむき、すりおろす。
2　鍋にAを入れて煮立たせ、1を加え、弱めの中火で静かに温める。器に盛り、手でもんで細かくしたのりをのせる。

メモ　長いもは、控えめなやさしいとろみに。長いもは長めに切り、すりおろす部分は皮をむき、あとは皮を残しておくと、持ち手になっておろしやすいですよ。長いももれんこん同様、すりおろして時間がたつと色が悪くなるので、おろしたらすぐに加熱してください。

焼きいもの白あえ

材料と作り方（2〜3人分）
① 市販の焼きいも1本（200g）は皮をむいてひと口大に切り（皮つきのまま作ってもいい）、白あえの素½カップを加えてあえる。

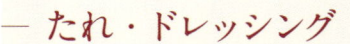

白あえの素

材料（約1カップ分）
豆腐（木綿、絹ごしどちらでも）── 1丁（300g）
A ┌ 白練りごま ── 大さじ2
　 │ 薄口しょうゆ ── 小さじ1
　 └ 塩 ── 小さじ¼

作り方
1　豆腐は厚手のキッチンペーパーで包み、重し（底が平らな皿など）をのせ、1〜2時間水きりする。すり鉢ですり（ない場合は、泡立て器やフォークでつぶす）、Aを混ぜる。

メモ

焼きいものほか、柿やいちじくなどのくだものをあえたり、にんじん、こんにゃく、豆類の白あえもおすすめです。保存容器に入れて冷蔵保存し、日持ちは約3日。

甘酒みそだれ

材料（約 1 カップ分）
甘酒（米麹で作ったもの）── ¾ カップ
みそ ── 大さじ 4 ½ （80g）

作り方
1　ボウルに材料をすべて入れ、泡立て器でよく混ぜる。

刺身と合わせるほか、肉や魚を漬けたり、生野菜、ゆで野菜にかけたり、焼きおにぎりの味つけに、だしと合わせて麺もののつけだれに。甘酒にはアルコール分のない米麹で作ったものと、アルコールを含む酒粕から作ったものがあるので、甘みが強い米麹タイプで作ってください。保存容器に入れて冷蔵保存し、日持ちは約 1 週間。

まぐろのぬた風

材料と作り方（2 人分）
①　まぐろの刺身小 1 さく（100g）は 1.5cm 角に切り、万能ねぎ 6 本は熱湯でさっとゆで、水にとって冷まし、水けを絞って食べやすく切る。器に盛り、甘酒みそだれ大さじ 1 ～ 2 をかける（またはあえてもいい）。

梅だれ

材料（約¾カップ分）
梅干し ── 4個
しょうゆ、みりん ── 各大さじ4

作り方
1　耐熱容器にみりんを入れ、ラップをかけずに電子レンジで40秒ほど加熱し、アルコール分を飛ばす（煮きる）。
2　梅干しは種を除いてたたき、種からも味が出るのでともにボウルに入れ、1、しょうゆを混ぜる。

長いもの梅だれがけ

材料と作り方（2人分）
①　長いも10cm（200g）は皮をむき、5cm長さのせん切りにする。器に盛り、梅だれ大さじ1〜2をかける。

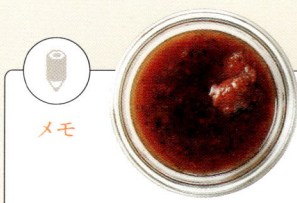

メモ

梅干しは自家製を使用。写真は薄口しょうゆですが、しょうゆは薄口、濃口のどちらでも。冷ややっこ、温やっこ、サラダや温野菜のドレッシングがわりにかけます。鍋もののたれ、肉や魚に塗って焼いたり炒めたり、鶏のから揚げの味つけにも使います。保存容器に入れて冷蔵保存し、日持ちは約1週間。

焼き肉のたれ

材料（約 1¼ カップ分）
玉ねぎ —— 1 個
にんにく、しょうが —— 各 2 かけ
しょうゆ —— 大さじ 4
砂糖、みりん —— 各大さじ 3

作り方
1　耐熱容器にみりんを入れ、ラップをかけずに電子レンジで 30 秒ほど加熱し、アルコール分を飛ばす（煮きる）。玉ねぎはすりおろし、ざるに上げて水けを軽くきる。にんにくとしょうがもすりおろす。
2　ボウルに材料をすべて入れてよく混ぜ、半日ほどなじませる。

メモ

焼き肉のたれはもちろん、肉、魚の下味に、炒めもの、漬け卵の味つけに。半日くらいおくと、玉ねぎやにんにくの辛みがほどよくぬけて、味がこなれて落ち着きます。保存容器に入れて冷蔵保存し、日持ちは約 1 週間。

豚しゃぶもやしあえ

材料と作り方（2 人分）
①　もやし½袋（100g）はできればひげ根をとり、冷水に 5 分ほどつけてパリッとさせ、熱湯でさっとゆで、湯をきる。
②　続けて同じ湯で豚しゃぶしゃぶ用肉 160g を 1 枚ずつ揺すりながらゆで、色が変わったら、キッチンペーパーにのせて湯をきる。1 と合わせ、焼き肉のたれ大さじ 2 であえる。

ヨーグルトドレッシング

材料（約 1 ¼ カップ分）
プレーンヨーグルト —— ⅔ カップ（140g）
マヨネーズ —— 大さじ 4 ½
オリーブ油 —— 大さじ 4
塩 —— 小さじ½
粗びき黒こしょう —— 少々

作り方
1　ボウルに材料をすべて入れ、とろりと乳化するまで泡立て器でよく混ぜる。

 メモ

オリーブ油は、あまりくせのないものがおすすめです。または、サラダ油でも。ヨーグルトが流れるくらいゆるいタイプの場合は、キッチンペーパーにのせて軽く水きりして使います。豆のサラダやじゃがいもに合います。びんなどに入れて冷蔵保存し、日持ちは約 4 日。

みそドレッシング

材料（約 1 カップ分）
みそ —— ½ カップ強（140g）
酢 —— ¼ カップ
サラダ油 —— 大さじ 4
砂糖 —— 大さじ 3 〜 4

作り方
1　ボウルに材料をすべて入れ、とろりと乳化するまで泡立て器でよく混ぜる。

 メモ

少し甘めに作るのが私好みではありますが、みその味によっては酢や砂糖の量を調整して。トマトにかけるほか、しゃぶしゃぶのたれ、焼いた肉や魚の味つけに、ゆで卵にかけたり、ゆでた鶏肉とも相性よしです。びんなどに入れて冷蔵保存し、日持ちは約 1 週間。

にんじんドレッシング

材料（約 1 ½ カップ分）
にんじん（すりおろす）── 小 1 本 (120g)
玉ねぎ（すりおろす）── ¼ 個
サラダ油 ── 大さじ 6
酢 ── 大さじ 4
フレンチマスタード ── 小さじ 2
塩 ── 小さじ ½
粗びき黒こしょう ── 少々

作り方
1　ボウルに材料をすべて入れ、とろりと乳化するまで泡立て器でよく混ぜ、1 〜 2 時間なじませる。

メモ

作りたては玉ねぎの辛みが強いので、1 〜 2 時間おいて使います。何にでも合うドレッシングです。にんじんや温野菜のサラダ、海藻類、豆腐、豆、ゆでた肉にも。びんなどに入れて冷蔵保存し、日持ちは約 1 週間。

韓国風ドレッシング

材料（約 1 カップ分）
粗びき粉唐辛子（または一味唐辛子）── 小さじ 2
にんにく、しょうが（ともにすりおろす）── 各 1 かけ
ごま油 ── 大さじ 6
酢 ── 大さじ 4
コチュジャン ── 大さじ 2
はちみつ ── 大さじ 1 ½
しょうゆ ── 大さじ 1

作り方
1　ボウルに材料をすべて入れ、とろりと乳化するまで泡立て器でよく混ぜる。

メモ

一味唐辛子の場合は、辛みが強いので量は控えめに。白菜のざく切りとあえたり、わかめなどの海藻、豆腐にもよく合います。ナムルの味つけに使うこともあります。びんなどに入れて冷蔵保存し、日持ちは約 1 週間。

1964 年、東京生まれ。高校 3 年間を
長野で過ごし、短大進学とともに再び
東京で暮らし、会社員などを経て料理
家に。日々の暮らしから生まれる、身近
な食材で作る無理のないレシピが人
気。食材をムダなく、上手に食べきる
知恵も詰まっている。今回のレシピは、
長野に住む母や、松本市在住の漬け
もの名人の料理、旅先で出会った料
理をヒントに、より作りやすく工夫したも
のも。娘は進学のために家を離れてい
るが、やはり家族が好きな味、料理を
中心に紹介している。著書に『常備菜』
『主菜』『つまみ』『常備菜 2』（すべて
小社刊）など多数。

飛田和緒
ひだ　かずを

アートディレクション・デザイン
佐藤芳孝

撮影
吉田篤史

スタイリング
久保原惠理

プリンティングディレクション
金子雅一
（株式会社トッパングラフィック
コミュニケーションズ）

構成・取材
相沢ひろみ

校閲
滄流社

編集担当
足立昭子

副菜

著　者／飛田和緒
編集人／足立昭子
発行人／殿塚郁夫
発行所／株式会社主婦と生活社
　　　　〒 104-8357　東京都中央区京橋 3-5-7
　　　　☎ 03-3563-5321 （編集部）
　　　　☎ 03-3563-5121 （販売部）
　　　　☎ 03-3563-5125 （生産部）
　　　　https://www.shufu.co.jp
　　　　ryourinohon@mb.shufu.co.jp
印刷所／ TOPPANクロレ株式会社
製本所／株式会社若林製本工場
ISBN978-4-391-16248-6